SP

He

platos fGaciles y con
sustancia para demostrar que

Arenos, Pau,

Hecho en casa

———•———

100 platos fáciles y con sustancia
para demostrar que sabes cocinar

Hecho en casa

•

100 platos fáciles y con sustancia
para demostrar que sabes cocinar

1.ª edición: diciembre 2013

© Pau Arenós, 2013
© Ediciones B, S. A., 2013
    Consell de Cent, 425-427 - 08009 Barcelona (España)
    www.edicionesb.com

Printed in Spain
ISBN: 978-84-666-5401-2
Depósito legal: B. 23.118-2013

Impreso por EGEDSA

#KocinaKasera

Cocino desde hace mucho. Cocino desde mucho antes de escribir sobre cocina. No comencé de niño como los grandes chefs sobre una banqueta, sorprendiendo a la parentela con filigranas inapropiadas para un menor, exhibiendo el talento. No. Yo era un vago, yo era un comodón y temía al fuego.

Mi madre, Mari Carme, era una cocinera estupenda, así que solo tenía que sentarme a comer y discutir con mis hermanos sobre quién había colocado este o aquel plato y quién se hacía el sordo y el remolón ante las frases: «¡A poner la mesa!» o «¡A quitar la mesa!» Los hermanos siempre discuten sobre eso. Mis hijos discuten sobre eso.

En la infancia rendía culto a varios tótems.

Santificaba la paella con hierbabuena de la abuela Maria Gràcia, una mujer que apenas se sentaba a la mesa y comía de pie, como si no tuviera derecho, como si no mereciera el reposo. Con orgullo y complicidad, plantaba para ella la hierbabuena, ignorando que el verde aromático crecía sin esfuerzo, como una mala hierba. ¡Una buenísima hierba!

Envidiaba la vida *gourmet* —en el recuerdo endulzado de mi madre— del abuelo Ricardo, los quesos afinados, París, la piel de mandarina como perfume.

Y a los once años me desvivía por el arroz al horno de los miércoles (la receta en la página 374).

Yo era un loco de la comida de una manera primitiva, básica, voraz. ¡Quería comer, fantaseaba con las viandas humeantes! Los domingos, a eso de las doce del mediodía, cuando el proceso ni siquiera había comenzado, mi tripa reclamaba, ¡ya!, ¡ahora!, la dosis de arroz. Me dolía el estómago durante la espera. Después también, por el exceso. Dos-platos-de-paella-nunca-son-suficientes, era mi lema.

Ir a un restaurante no estaba entre las actividades familiares. El restaurante era un entorno desconocido e ignorado. El dinero tenía otro destino. Además, disfrutábamos en casa de la mejor cocinera del mundo. Así, ¿qué podía haber en el exterior que la superase? No me eduqué en las exquisitas casas europeas como los burgueses que escriben sobre gastronomía como distracción y con amaneramiento. El tránsito permanente hacia los grandes y los pequeños comedores fue mucho más tarde. Ahora ocupan el 50 % de mis comidas. Es mucho, demasiado. Mi hígado lo sufre y mi colesterol es de campeón.

Las excursiones por Europa con mis padres eran de cámping en cámping o como furtivos en las áreas de servicio de las autopistas, donde plantábamos la tienda alguna noche en ruta. Visitamos Francia e Italia con sopas de sobre que calentábamos en un fogoncito. Recuerdo el escándalo en el Lago di Garda por unos tomates que nos cobraron a precio de rescate. Así se forja un *gourmet*.

Supe que tenía que espabilarme al marchar con dieciocho años de casa, de Vila-real, para estudiar periodismo en la Universitat Autònoma de Barcelona, a 300 kilómetros, que en los años ochenta del siglo XX eran como 3.000. Mi madre estuvo segura de que me moriría de hambre. «¡Pero si no sabes ni encender el fuego!» Mi padre, Enric, maestro y dibujante, nunca se metía en las cuestiones del tenedor y seguramente pensó que me convenía bajar de peso.

Si quería seguir comiendo bien, era urgente aprender, dejar de ser un vago, un comodón y perder el miedo a la llama azul y a la bombona de butano. Fue en 1985 cuando me convertí en cocinero doméstico. No sabía nada, así que tuve que inventármelo todo. Una de las primeras veces, en el piso que compartía con dos estudiantes, decidí que para preparar unas butifarras negras era indispensable aceite en abundancia y sumergir las bombas enteras y sin pinchar. La pez ardiente con la que los soldados de los castillos repelían a los atacantes debía de ser similar a aquella mezcla de grasas. Tras la explosión de los petardos, la cocina recordaba el escenario de una matanza. Por supuesto, eran morcillas de sangre. Desde entonces las he preferido tostadas.

En aquel piso, donde la higiene era la última de nuestras preocupaciones, dividíamos los días de cocina y limpieza. Me especialicé en los baldosines mugrientos y en el conejo a la cazadora. Eran bestias de supermercado libres de perdigones. Pillé la receta de un libro de la biblioteca familiar, un tocho que, años después, tomé prestado para mis estanterías, *Els nostres menjars* (1978), de Martí Domínguez. Un volumen más de adorno que de uso, difícil de manejar, un 4 × 4, aparatoso. Mi madre no lo consultaba, su guía era una libretita con letra hormigueante donde recogía de aquí y de allá, de la memoria de sus padres y abuelos. No sé si la conserva. Temeroso de la inanición apunté a mano 23 recetas. Solo recuerdo haber perpetrado ese conejo, ya tuneado, según mi costumbre para siempre. Eliminé la manteca, me olvidé del vino blanco y sustituí los champiñones por *rovellons* en conserva. Era la estrella de mi inexistente repertorio.

Me acostumbré a apuntar lo que cocinaba. De eso hace 25 años. Tengo delante la libreta, de hojas amarillentas y apertura en vertical gracias a un lomo engomado, y leo: *codornices con patatas y fuagrás* (¿no sería paté?) y *costillas de cerdo al vino tinto*. Entonces la pimienta verde sugería exotismo y sofisticación. Cuando agoté la libreta, seguí con las hojas sueltas, garabatos, pistas que descifro con sufrimiento. Apunto lo que funciona, o lo que creo que funciona, y los fracasos con propósito de enmienda.

El proceso era similar al actual: voy a un sitio, algo me llama la atención, imagino que puedo reproducirlo, lo adapto a mi conocimiento. En un bar de menú de la época de estudiante guisaban unas costillas de cerdo (*costillas al vino tinto*) que se deshacían en la boca. *Inventé* mi receta a partir de ese acto de comensal. Merecería ser revisada porque la acidez de la salsa era excesiva. Lo importante era que llevaba las preparaciones a mi capacidad, o incapacidad. Buscaba atajos, simplificaba.

Y es que lo que sigo haciendo, con más años, más experiencia, algo más de paladar, unas miles de páginas leídas, unas pocas menos escritas y unas cuantas visitas a lugares lejanos. Reúno aquí muchas nuevas ideas y unas pocas viejas, algunas con casi tres décadas y otras pensadas hace unos meses. Todas tienen en común que son propias (o apropiadas), sencillas y resultonas. Ese-tipo-de-cosas-con-un-puntito que permiten solucionar una cena, festejar a tus amigos y convencer a tu madre de que no eres un vago, que no eres un comodón y que no temes al fuego. Recetas con sustancia, y sustanciosas. Recetas con *algo*, ese *niac* del que hablaba el cocinero francés Michel Bras.

En 1985 me sucedía lo mismo que ahora: no utilizo pesos y medidas. A ojo, con prudencia, rectificando. Confío en la intuición y en el sentido común. Probar, probar, probar. Cuando leo una receta y quiero poner en práctica algo, jamás sigo las proporciones. Me sentiría un estúpido y un incompetente. Me pone nervioso el sistema métrico decimal.

Creer que aquellas indicaciones convierten a un novato en un chef es ilusorio, resta responsabilidad y la carga sobre el autor: he hecho lo que dice y no me ha salido. O al contrario: crees que el autor es un sabio y tú un idiota porque, pese a las matemáticas, has sido incapaz de resolver el problema. No me importan los gramos y los litros, excepto en pastelería. Sin medición, el resultado es catastrófico, un homenaje a la boñiga: las únicas pesadas son las dos últimas, *panellets asiáticos* y *chocolate picante* (páginas 392 y 396) y la masa para el bocata de *burgblini* (página 318).

Me gustaría que el lector actuase con el mismo sistema: la apropiación, coger estas sugerencias y aliñarlas a su manera, llevándolas a su mundo, a su capacidad, o incapacidad. Donde yo pongo lima, que ensaye con citronela. La cocina es cuestión de gustos, ¿cuánta cantidad de chile te agrada? No esperes que te lo diga en gramos. Pon lo que prefieras. Sugiero más que dicto. Ninguna dictadura, ni en la cocina.

Lo que no perdono es que me abandonen a mitad de la escalada, que me escamoteen un ingrediente o cómo injertarlo en el tronco. Mis recetas son facilísimas. El aficionado que se meta en el berenjenal sabrá que lo acompaño hasta el fin con instrucciones muy sencillas. No hay nada que un primerizo no pueda hacer. Cada fórmula está dividida en cuatro partes: QUÉ (los ingredientes), CÓMO (los pasos, con comentarios intencionados y malévolos), POR QUÉ (de dónde ha salido, alguna historieta merecedora de ser contada). Y, por último, los *hashtag*, como índice alternativo para facilitar el acceso a género y utensilios.

No tengo mucho instrumental quirúrgico. Jamás he empleado un robot y temo que la Thermomix sea un cacharro de procedencia extraterrestre para facilitar la invasión. Unos cuantos cuchillos, un surtido de ollas y sartenes y tres o cuatro recursos baratos más útiles que el gato en el coche (vaporera, rallador microplane, túrmix, 123, wok, mortero, moldes...). En su día, compré dos sifones —hola, Ferran—, armé dos entrantes airosos (*espuma de parmesano con quicos* y *capuchino de espárragos*), pero no los incluyo porque creo que el personal no dispone de esos cohetes.

El libro nació con la llegada del iPad, su cámara y los filtros de Instagram. Sospecho que es el primer recetario ilustrado con Instagram, a menos que se haya adelantado alguien de la Conchinchina. No son imágenes profesionales, aunque haya una mirada profesional. Ni estilistas ni focos ni maquilladores ni cirujanos de estética con implantes. Cercano y verdadero. La comida es así. Los filtros, más que embellecer, pueden estropear. Tiempos veloces, sí, pero también tiempos de contemplación.

El iPad me ha permitido ser autónomo, llevar a cabo un auténtico proyecto casero, *hecho en casa*, hecho en mi cocina, con mi mujer, Goretti, y mis hijos, Nil y Carla.

La rutina que seguimos durante un año fue la siguiente. Pensaba un plato o lo rescataba de los apuntes, pedía a Goretti los ingredientes (en nuestra casa, ella es la cazadora y la recolectora y yo...) y el fin de semana me metía en el zafarrancho. El momento dramático era el del emplatado, con los críticos impacientes en la mesa, Nil y Carla, y yo intentando encontrar el ángulo y la luz adecuada para la foto. Venga, ¿no estás?, ¿no acabas? Y después los filtros. Qué nervios y qué sensación de estar ante una tragaperras, eligiendo la opción adecuada. Si te equivocas, conviertes una carne apetitosa en un excremento de Godzilla.

La ventaja del *hecho en casa* es que, de inmediato, enviaba la imagen al ordenador y escribía. Eso sí era satisfactorio, sí nos gustaba. Si no, a comenzar. Un año, de julio a julio, 100 recetas.

Hecho en casa se refiere por igual a que es una cocina casera, en este caso, #kocinakasera, una propuesta de renovar los prontuarios. Hay miles y miles de compendios con recetas copiadas o saqueadas: recuerdo aquel famoso que presentó su librillo con una perdiz en escabeche exactamente igual a todas las perdices en escabeche.

Intento ser original, así como señalo las autorías pertinentes, sea cocinero noble o gurú de la red. Mi I + D es Imaginación + Descaro. Sí, insolencia y osadía. Cuando llegues a los *nigiris* lo entenderás (en la página 142 y ss.).

Propongo una #kocinakasera fresca, desinhibida, juguetona, gamberra, convincente, eficaz, real, viajera, urbana, con *k*, para agasajar a los tuyos, a los amigos, incluso a ese vecino del perrillo que te desvela (si querías vengarte, no encontrarás en las siguientes páginas fricandó de perro, lo siento).

Colonizar otra vez las cocinas, mitad por placer, mitad como argumento económico. Cocinar para ahorrar: no es mala cosa. Promovamos la *bricocina*, el háztelo tú mismo, reúnete con otros y comparte. Si está de moda el ganchillo, ¿no van a estarlo las *kroketas* (en la página 116)? Tenedor, cuchara, cuchillo, palillos y dedos. No, agujas de calceta no necesitamos.

Son días ácidos, cebicheros. Lo crudo resume esta realidad con hueso. Una manera de sobrevivir es transformar lo aciago en sabroso. De lo que va este rollo es de diversión. De cocina prozak, de cocina antidepresiva. La solemnidad está enterrada con el último mamut.

Producto ecológico, de proximidad, de temporada (por fortuna nuestra terraza es ubérrima en lechugas, tomates, pimientos, judías y plantas aromáticas gracias a la recolectora), y alguna herejía, como la mayonesa de bote, debidamente mezclada con otras porquerías.

Cocinar me ha facilitado escribir sobre cocina. Te quemas, te cortas, comprendes qué es despellejar, aunque sea a ti mismo. Seguro que quien cocina es mejor escritor gastronómico porque comprende los productos y los procesos. Nada de eso tiene que ver con una cocina profesional. Estoy capacitado para dar una cena para ocho con un menú de siete platos. Los que a mí me den la gana. ¿Sacar adelante un comedor con 50 comensales a la carta? ¡Anda ya! Admiro cómo se organizan los profesionales. Yo soy un cocinero doméstico como tú.

Mi madre ya sabe que no soy un vago, que no soy un comodón y que no temo al fuego. Cuando viene a mi casa, le agrada mucho que le cocine y lo celebra. Cuando voy a la suya, vuelvo a ser aquel vago, aquel comodón. Perdí el miedo al fuego hace mucho.

Pau Arenós

Sabadell, julio de 2013

] Para comenzar [

Raspas en la red

QUÉ

Espinas de boquerones
Leche
Harina de tempura
Fideos chinos (*vermicelli*)
Pimienta
Sal
Aceite de oliva virgen extra

CÓMO

Para los fideos: en un wok (podría ser otro recipiente, siempre con paredes altas para evitar la rabia oleosa con la que salpica el *vermicelli*), con el aceite caliente, ir depositando los filamentos, que crecerán con gran rapidez, como la vena del cuello de un colérico. Silban y cambian de textura y color. Desengrasar sobre papel de cocina.

Para las espinas: reposar en leche una hora para desangrar y ablandar. Rebozar en la harina de tempura (sin hacer una pasta, directamente sobre el blanco) y sumergir en el aceite del wok. Desengrasar sobre papel de cocina.

Emplatado: sobre la red de fideos crujientes, enredar las capturas, las espinas de boquerón.

POR QUÉ

Es una fritura paupérrima para una crisis dentro de una crisis. Un plato ejemplar de la filosofía de aprovechamiento, inspirado en el aperitivo que *raspeaba* Josep Mercader en el Motel Empordà cuando Josep Pla era un escritor desdentado, sorbedor de sopas y expulsador de mala leche. Nada va a la basura, todo tiene valor. Somos tan pobres que comemos raspas. O somos tan cultos que comemos raspas. Esa es la versión menesterosa, la filosófica es que, como animistas, tragamos al animal completo para poseerlo.

Comer pieles crujientes es más moderno que unos pantalones con los bajos por encima del tobillo. Estas espinas son de papelina, o sea, de vicio. En cuanto a los fideos chinos, se acostumbran a servir ensopados, tímidos, sin alma, escapistas. Estos son vibrantes, concretos, desafiantes, electrificados, un alambre de una obra de Tàpies que, al menos, entendemos. Actuar con los dedos, rompiendo la red y liberando al boquerón, ya que no pudimos, snif, con el pobre Willy. Nos ha salido un entretenimiento catalanoasiático.

#wok #pescado #boquerón #rapidillo #asiatiquea #retromoderno

Somos tan pobres que comemos raspas.
O somos tan cultos que comemos raspas.

Lata de berberechos

QUÉ

Berberechos
Limón
Agua
Pimienta negra

CÓMO

Para los berberechos: sumergir en agua con sal para limpiar las impurezas. En una cazuela, depositar los moluscos con un poquito de agua, pimienta negra y el zumo de un limón (reservar la cáscara). Con la cazuela tapada, dar un hervor justito, solo para que se abran. Es muy importante controlar el paso: se trata de que la carne quede jugosa, no una canica. Colar el caldo. Sacar los berberechos de las conchas.

Emplatado: en una lata, colocar las piezas. Mojar con el caldo. Rallar la piel del limón.

POR QUÉ

Jugar al vermut de los domingos. ¿A qué precio sale una lata de berberechos de gran calidad? ¿En torno a los 20 euros? Aquí la fabricamos por un precio módico y garantizamos bichos de gran tamaño. Los expertos aconsejan sumergirse en la bañera con cucharas para envolver la captura con el líquido amniótico. Así, en esta conserva sin conservar, instantánea, la cuchara facilita el salseado del berberecho.

El cítrico ha sido rebajado con el líquido de cocción para evitar la anestesia. A favor del reciclaje, damos una nueva vida a una lata de berberechitos terrosos de supermercado, que tras limpiar sumamos a la vajilla de Diógenes. Los nuevos usos de los recipientes, emplatar en superficies distintas e inesperadas. Cajas, piedras, cartones, maderas.

La primera vez que nadé en las conservas al instante fue en julio del 2002, en la boda de Isabel Pérez y Ferran Adrià, uno de los espectáculos gastronómicos y emocionales más bestias a los que he asistido. Carles Abellan ha exprimido el recurso a fondo en Comerç 24.

#rapidillo #molusco #cítrico #berberecho #lata #retromoderno

A favor del reciclaje.
Los nuevos usos de los recipientes,
emplatar en superficies distintas e inesperadas.
Cajas, piedras, cartones, maderas.

Bonito en conserva

QUÉ

Lomo de bonito
Ajos
Pimiento de cayena
Aceite de oliva virgen extra

CÓMO

Para los ajos y el pimiento de cayena: filetear los ajos y freír en el aceite con la bala roja hasta dorar sin que se quemen. Retirar los ajos y el elemento guindilloso.

Para el bonito: cortar en *sashimi*, lascas o tiras. Que sea fino. Disponer sobre un plato, salar y escaldar con el aceite hirviendo.

Emplatado o enlatado: disponer las tiras de bonito, llenar con el aceite, la cayena y los ajos. Puede servirse tibio o frío, incluso de un día para otro.

POR QUÉ

Es el mismo juego que en la receta anterior, y el mismo recipiente reciclado. La recreación de una lata de bonito en conserva, jugando con lo fresco. Manipulado a nuestro antojo, es una versión picante, picarona, para dar un revolcón al sosegado aperitivo dominical. Una excusa para una cerveza fría, que casi duela al tragar.

#pescado #atún #rapidillo #retromoderno #lata #rallador

Mejillones con melisa

QUÉ

Mejillones del Delta de l'Ebre
Melisa
Lima

CÓMO

Para los mejillones: después de limpiar y afeitar las barbas, abrir en un plis-plas en una cazuela tapada con un poco de agua y unas hojas de melisa.

Emplatado: cada mejillón abierto es un cofre negro. Completar la ofrenda con melisa picada, unas gotas de zumo de lima y piel rallada de lima.

POR QUÉ

La melisa (*tarongina*) es cítrica y aromática, amiguita de farra de los mejillones del Delta, en zona naranjera. La lima es aquí una segundona, incluso prescindible. Rompamos la rutina del perejil y sustituyámoslo por otros verdes con picardía.

#mejillón #rapidillo #molusco #cítrico #aromáticas #rallador

Mejillones con manzana cítrica

QUÉ

Mejillones del Delta de l'Ebre
Manzana verde
Lima
Ajedrea

CÓMO

Para los mejillones: lo de la barba de antes. Abrir en cazuela tapada con un poco de agua. Ser curioso e ir fisgando. Solo abrir, apenas cocinar.

Para la manzana: cortar en daditos y sumergir en zumo de lima.

Emplatado: sobre el mejillón abierto, repartir dados y hojitas de ajedrea.

POR QUÉ

La ajedrea es picante, agresiva, pincha al mejillón bobo. La manzana, portadora del ácido, cruje y refresca, alterando la textura blandurria del molusco naranja. Cada vez que te lo llevas a la boca, el sol te hiere.

#mejillón #rapidillo #molusco #cítrico #aromáticas #fruta #rallador

Mantequilla de algas

QUÉ

Mantequilla
Alga kombu seca
Alga nori seca
Sal Maldon

CÓMO

Para las algas: desmenuzar o pulverizar en una picadora, en el 123.

Para la mantequilla: deshacer en el microondas. Mezclar con las algas.

Para la mantequilla con algas: mezclar lo graso con el polvo. Colocar en un vaso de cristal. Solidificar en la nevera. Para desmoldar, dejar un instante el vaso fuera, a temperatura ambiente.

Emplatado: en un platito, desmoldar la mantequilla y dar la vuelta, con lo verde en la parte superior. Dejar caer la Maldon.

POR QUÉ

Leche verde de vaca. Sobre pan de payés tostado, caliente, un placer deslizante. Desayuno de surferos.

#rapidillo #alga #lácteo #123 #microondas

Chupito de mar y montaña

QUÉ

Lechuga
Alga wakame seca
Sal
Agua

CÓMO

Para la lechuga: con poca agua, escaldar las hojas de la lechuga. Pasar las hojas, que habrán menguado su tamaño como una nómina, a un recipiente con agua fría.

Para el alga: en la misma agua, hervir unas tiras secas de wakame, que se rehidratarán, multiplicarán el tamaño y parecerán sacadas del desayuno del capitán Nemo. Pasar las tiras a agua fría.

Para la sopa: triturar con el túrmix la lechuga escaldada y, en menor proporción, el alga con un poco del agua de hervir. Colar. Si es necesario, añadir sal.

Emplatado: mejor, envasado, o sea, en un vaso de chupito. Servir a temperatura ambiente.

Es una ensalada que se bebe. Un traguito que *marimontañea*. El verde en este trago corto es intenso, casi extraterrestre. Un chute de clorofila, amenizado por el *umami* de la wakame. Si hubiésemos usado otra alga, lechuga de mar, bordearíamos el chiste. Da pena tirar el resto sólido que queda tras colar el brebaje: ¿hacemos croquetas?, ¿se lo damos a la tortuga, *Closqui*, como si fuera un pienso de cinco estrellas?

Seguro que tu médico te felicita tras la mini dosis de salud. No te acostumbres: Hulk abusó y ya conoces el resultado.

#sopa #verde #rapidillo #túrmix #asiatiquea

Un traguito que *marimontañea*.
Un chute de clorofila,
amenizado por el *umami* de la wakame.

Cóctel de gazpacho

QUÉ

Tomates
Cebollas
Ajos
Pimiento verde
Pan duro
Vinagre de Jerez
Aceite de oliva virgen extra
Agua fría

CÓMO

Para la cebolla y los ajos: colocar tres ajos pelados sin el germen en un cazo con agua fría y hervir. Depositar una cebolla pequeña en agua fría y hervir. Dejar que se enfríen.

Para el pimiento verde: trocear.

Para los tomates: hacer una cruz (amén) en la base de una decena de tomates (el número depende del tamaño). Bajo el chorro de agua caliente, quitar la piel. Trocear. Despepitar si tienes ganas.

Para el gazpacho: triturar todos los ingredientes más el agua fría, una cucharada de vinagre de Jerez y cuatro de aceite. Pasar por el chino. Guardar en la nevera.

Emplatado o *encoctelado*. Verter el gazpacho en una coctelera. Moviéndola como un *bartender*, antes conocido como barman, servir la sangre ante el comensal en un vaso de cóctel. Beber con ceremonia y elegancia.

POR QUÉ

Es una bebida para ahuyentar al conde Drácula que, confundido por el color, le dará un trago y caerá fulminado por el ajo. Para que los invitados no se asesinen los unos a los otros a golpes de aliento, hemos blanqueado los bulbos, ajos y la cebolla. Prescindo del pepino: manías.

Doy la importancia que merece esta bebida fría camuflándola como cóctel, permitiendo al anfitrión lucirse con el cilindro de metal que compró un día en que se sintió Hemingway y que enmohece en el mueble bar.

En el libro no podía faltar un cóctel —¿acaso la coctelería no es tendencia mundial?— familiar, saludable, sin alcohol, veraniego y para todos los públicos. Si nadie mira, puedes añadir un chorrito de Jerez. Hip. Que no lo sepa la abuela.

#sopa #túrmix #hortaliza #cóctel #verde #retromoderno

Doy la importancia que merece esta bebida fría
camuflándola como cóctel,
permitiendo al anfitrión lucirse.

'Dashi' de gambas

QUÉ

Gambas medianas
Agua
Bonito seco en copos
Alga wakame seca
Espagueti de mar seco
Perejil
Ajos
Cebolla
Zanahorias
Judías verdes
Sal Maldon
Pimienta negra

CÓMO

Para el *dashi*: pelar las gambas. Hervir las cabezas y los caparazones, el bonito en copos, las tiras de wakame, el espagueti de mar, un par de ajos, la cebolla partida por la mitad, el perejil, las zanahorias y las judías. Cuando se haya reducido, colar con un chino, apretar bien los restos de la gamba para sacar hasta el último jugo mutante. Llenar una tetera con el brebaje caliente.

Para las gambas: disponer los cuerpecillos en un plato, *escamar* con Maldon y espolvorear con pimienta negra fresca.

Emplatado: ante el comensal, verter el *dashi* sobre el mosaico de gambas.

El *dashi* es la base de la cocina japonesa. Optamos por la heterodoxia, así que a la base de bonito seco, wakame y espagueti de mar sumamos los vegetales terrestres.

El propietario de este plato es Nandu Jubany, que destila un caldo exprés y ligero a la vista del comensal con una cafetera de cristal donde se aprecian los estratos del mar y montaña. Como no disponemos de semejante artilugio, nos conformamos con una tetera para dar vistosidad al servicio

Después de dos inviernos calentándonos con esa sopa clara en Can Jubany, Nandu me dijo que me escribiría los ingredientes y las proporciones, pero decliné la propuesta con ánimo de *apropiarme* de la receta, hacerla mía. Además, si en ninguna de mis fórmulas se indica el tanto por ciento, ¿cómo iba a aceptar las medidas exactas de otro?

De nuevo, la elaboración es sencillísima. Nandu tuvo la chispa del escaldado del crustáceo, crudo-no crudo, que respeta la textura mórbida. La gamba pelada es delicada, de manera que someterla a frituras como la del ajillo es una insensatez. Abrasado, el bocado se encoge y marchita. Por el contrario, aquí se presenta en su blanquecina plenitud.

#sopa #crudo #asiatiquea #hortaliza #crustáceo #gamba #verde

Optamos por la heterodoxia,
así que a la base de bonito seco, wakame y espagueti de mar
sumamos los vegetales terrestres.

Sopa de ajos con almejas

QUÉ

Almejas
Ajos
Rebanadas de pan inglés
Pimentón dulce
Sal
Aceite de oliva virgen extra
Agua

CÓMO

Para las almejas: limpias, sin arena, reposadas durante largo rato en un recipiente con agua. Colocar los cofres en una cazuela con un poco de agua. Tapar, dar caña al fuego y, cuando se abran las conchas, apagar. Que las almejas queden poco hechas, jugosas. Sin quemarse, separar la carne de las valvas. Pasar el líquido con un colador de malla para separar las impurezas.

Para los ajos: laminar ajos y sofreír en una cazuela. Atención, ajeros, porque se queman a la voz de ¡ya!

Para el pan: tostar las rebanadas de pan inglés, trocear y saltear con los ajos. Enrojecer con el pimentón: material delicado que no tiene que ennegrecer porque amarga.

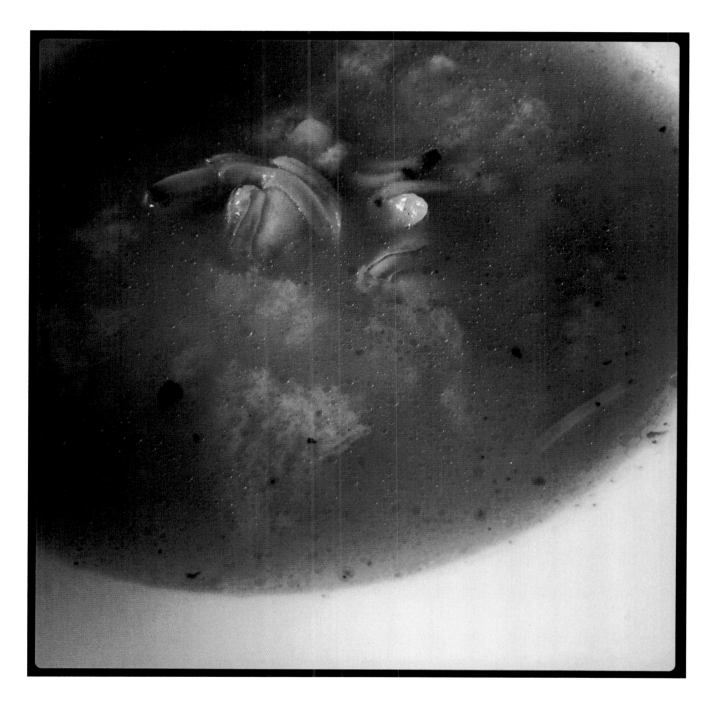

Para la sopa: mojar el ajo-pan-pimentón con el caldo de las almejas y, si es necesario, añadir agua. Dejar espesar. Rectificar de sal. En el último minuto, añadir las almejas para que cojan temperatura.

Emplatado: en un plato hondo porque es un plato hondo.

POR QUÉ

Este plato data de principios de los noventa, cuando nuestro mundo estaba por hacer y las hipotecas por pagar (bueno, lo segundo aún no está superado). Es una versión de una sopa de ajos que Karlos Arguiñano recogía en el recetario primigenio, aquel que en pocas semanas rebasó los 500.000 ejemplares para asombro del mundo editorial, acostumbrado al menudeo.

El primer cambio en el que me *ensopé* fue la sustitución del habitual pan seco por las rebanadas de pan inglés, más regulares y manejables. El segundo, la brevísima cocción de las almejas para que preservaran su integridad y la arenilla no apedrease el resultado final. Sopa rojiza, de miga breve, el escollo blanco de la almeja.

#sopa #molusco #almeja #rapidillo #especias

Este plato data de principios de los noventa,
cuando nuestro mundo estaba por hacer
y las hipotecas por pagar.

Berenjenas lacadas con 'miso'

QUÉ

Berenjena
Pasta de *miso* negro
Aceite de sésamo
Aceite de oliva virgen extra
Miel

CÓMO

Para la berenjena: calentar el horno a 200º. Cortar la berenjena en rodajas, cubrir con papel de aluminio, a lo Barbarella o traje de Paco Rabanne de los setenta. Hornear durante unos 30 minutos. Conservar en caliente.

Para la salsa: mezclar bien la pasta de *miso* negro, los dos aceites (de oliva, poco) y la miel. Reducir en un cazo.

Emplatado: salsear, napar o lacar la berenjena con el betún dulce.

POR QUÉ

Fui uno de los primeros clientes del Shunka en el 2001, el restaurante de Hideki Matsuhisa y Sam en Barcelona, cuando aún tenían un menú chollo de mediodía. Servían entonces una berenjena espectacular que te dejaba los morros del color del alquitrán.

En París, a la sombra de hierro de la torre Eiffel, comí otra berenjena con *miso* que me dejó lelo. El lugar era L'Astrance, el mini triestrellado de Pascal Barbot. Quise hacer mi propia versión de la receta, sin saber cómo la resolvían ellos, y, al final, después de algunos errores y conseguir alguna textura cercana a la madera, di con esto. El aceite de sésamo aporta el tostado que asociamos con la hortaliza morada, cardenalicia. Se come con cucharilla, hurgando en el cavernoso corazón.

#berenjena #asiatiquea #hortaliza #miel #rapidillo

El aceite de sésamo aporta el tostado
que asociamos con la hortaliza morada,
cardenalicia.

Cigalas encoladas

QUÉ

Cigalas medianas
Pimienta negra
Soja
Aceite de oliva virgen extra

CÓMO

Para las cigalas: descabezar. Reservar la cabeza, y sus buenos pensamientos, para otra preparación o tostar y servir en platito aparte. Con habilidad de caballero medieval, dar un corte al cuerpo por la parte en la que la coraza es más blanda. Tostar solo por el lado de la armadura, para que el calor suba lentamente, conservando los jugos.

Para la salsa: calentar en una sartén aceite (60%) y soja (40%).

Emplatado: no hay tiempo que perder. Espolvorear pimienta (nunca sal) sobre la cigala caída y escaldar con la salsa.

Refrito de inspiración vasca, sin ajos, o abrasamiento asiático. Colitas casi crudas, realzadas con la mezcla oscura y ardiente.

Nobuyuki Matsuhisa, conocido como Nobu, salsea el *sashimi* de ternera de Kobe con una mezcla de aceites, oliva y sésamo, mejunje con el que altera también los cortes de pescado crudo y al que ha dado un nombre rimbombante, Aceite Nuevo Estilo. Con ese engrase, Viejo o Nuevo, escaldada, la cigala sale por patas. Hay que atraparla antes de la huida.

#asiatiquea #crustáceo #cigala #rapidillo

Refrito de inspiración vasca, sin ajos,
o abrasamiento asiático.
Colitas casi crudas,
realzadas con la mezcla oscura y ardiente.

Gambas en bolas

QUÉ

Gambas medianas
Alga wakame seca
Zumo exprimido de una naranja
Sal Maldon
Harina de tempura
Aceite de oliva virgen extra
Agua

CÓMO

Para el caldo corto o *shabu-shabu*: en agua, hervir el alga y el zumo de naranja durante unos minutos. Colar y devolver al fuego.

Para las gambas: pelar las colas y dejar la cabeza intacta. Reservar el armazón. Llevar los crustáceos a una sesión de termalismo. Sumergir las gambas en el *shabu-shabu* cítrico durante 50 segundos y pasar a un recipiente de agua con hielo.

Para las cáscaras: espolvorear con harina de tempura y freír en aceite caliente. Desengrasar sobre papel de cocina.

Emplatado: disponer las gambas al dente en paralelo, rebajar la dulzura con la Maldon y, a un lado, el vestido crujiente, que también necesitará apoyo salino. Si el chef es habilidoso puede volver a vestirlas. En un vasito, un trago de *shabu-shabu*.

POR QUÉ

El auténtico *shabu-shabu* es más complejo, un caldo en el que se sumergen vegetales y carnes, como si se tratara de una *fondue*, hasta enriquecerlo.

El nuestro es *light*, un bidet para un pediluvio gambero, o gamberro. Crustáceo integral: no se tira nada. Qué fea y guarra costumbre la de llenar el suelo de los bares con capas de peladuras. Hemos desnudado el pequeño bumerán y convertido el traje en golosinas. Querrías comer una tonelada. Y que las vendieran en papelinas.

#rapidillo #asiatiquea #cítrico #gamba #crustáceo

Crustáceo integral: no se tira nada.
Hemos desnudado el pequeño bumerán
y convertido el traje en golosinas.

Lentejas verdes

Lentejas cocidas
Aguacate
Cebolleta
Pimiento verde
Cebollino
Agua
Pimienta negra
Sal
Aceite de oliva virgen extra

CÓMO

Para el sofrito: en un poco de aceite, rehogar la cebolla y el pimiento trinchados. Añadir un poco de agua e ir cociendo. Cuando las verduras estén hechas, jugosas, sumar las lentejas cocidas, remover con cuidado para no romperlas y salpimentar. Los platillitos volantes deben quedar enteros. Un poco más de agua para que hierva el conjunto, contagiándose.

Para el aguacate: pelar y cortar en gajos. A la hora de servir, un toquecito de sal.

Para el acompañamiento: cortar las tiras de cebollino en pedacitos. En rodajas, la parte verde de la cebolleta.

Emplatado: en recipiente hondo, las lentejas. Encima, contundente y esmeralda, el aguacate, con los complementos verdes, cebollino y cebolleta.

POR QUÉ

El aguacate es como carne, alegría del plato vegetariano. ¿Para qué usar chorizo teniendo estos pedazos mantecosos? Grasa saludable, que almacena recuerdos a frutos secos, es un producto extraordinario, dúctil y de gran complejidad.

La alianza del aguacate con la legumbre es sorprendente, se acoplan de forma natural, como si hubieran estado aguardando que los emparejaran. Plato cromático, es un juego con el verde, que implica desde el pimiento al cebollino.

#aguacate #retromoderno #legumbre #hortaliza #verde

La alianza del aguacate con la legumbre es sorprendente,
se acoplan de forma natural,
como si hubieran estado aguardando que los emparejaran.

Tomates en el bote

QUÉ

Tomates cherry medianos
Dientes de ajos
Aceite de oliva virgen extra
Hojas de laurel secas
Pimienta negra en grano
Sal Maldon
Agua

CÓMO

Para los tomates: en un cazo, cubrir los tomates con agua. Si son grandes, practicar una cruz en un extremo para facilitar el despellejamiento. Cuando hierva y las dermis comiencen a romperse y mostrar la carne, apagar. Enfriar rápidamente las bolas rojas. Pelar sin desollarse los dedos por el calor residual. Reservar.

Para los ajos: realizar la misma operación con los ajos (sin el germen), aunque prolongando la estancia en el hervidero.

Para la mezcla: en un bote, colocar las ofrendas cárdenas, los ajos pelados, un par de hojas de laurel, la pimienta en grano. Rellenar con el aceite de oliva.

Emplatado: es un *embotado*. Con un tenedor o una cuchara con agujeritos para escurrir el aceite, servir como aperitivo o para completar un plato o una ensalada. Un par de cristales de Maldon darán brillo.

POR QUÉ

Es rompedor llevar un bote a la mesa y que los comensales se sirvan a placer. También es transportable, bien como ofrenda cuando vamos a una casa como invitados, bien para los pícnics. Los botes son rellenables. Una vez vaciados de bolas, es recomendable repetir la operación. El reposo afianza los sabores.

#rapidillo #verde #hortaliza #tomate #aromáticas #especias

Es rompedor llevar un bote a la mesa
y que los comensales se sirvan a placer.

Encurtidos en el bote

QUÉ

Zanahorias
Espárragos
Cebollas
Brócoli
Vinagre de vino blanco
Aceite
Azúcar moreno
Sal
Aceite de oliva virgen extra

CÓMO

Para la salsa: en un cazo, hervir el vinagre, el aceite, el azúcar y la sal (más de lo primero que de lo segundo).

Para las verduras: pelar la zanahoria, hacer bastoncitos. Pelar los espárragos, dejando las puntas. Cortar la cebolla en juliana. Desarbolar el brócoli, cortar las ramas, empequeñecer algunas copas. Cocinar en la vinagreta. Cuando las verduras estén hechas, pero no deshechas, pasar a un bote de cristal con tapa hermética. Llenar con la mezcla dopante un bote de cristal: si la tomas a cucharadas puedes subir al Tourmalet. Enfriar, tapar y reservar.

Emplatado: otro *embotado*.

El argumento es el mismo que en el caso de los tomates. La diferencia es la sonrisa ácida en la boca del comensal. Mejor si el vinagre es aromático: el empleado en la receta es de riesling, comercializado por Bargalló.

#verde #rapidillo #hortaliza

Llenar con la mezcla dopante un bote de cristal:
si la tomas a cucharadas
puedes subir al Tourmalet.

'Allioli' de aguacate

QUÉ

Aguacate maduro
Lima
Perejil
Dientes de ajo
Aceite de oliva virgen extra
Pimienta
Sal

CÓMO

Para el ajo: retirar el germen verde y blanquear dos o tres dientes en agua hirviendo.

Para el *allioli*: depositar en el vaso batidor, el aguacate a trozos (no, el hueso, no; es difícil de roer), el zumo de media lima (que impedirá la oxidación), los ajos cortados, el perejil trinchado, la pimienta y la sal. Ir triturando con el túrmix, mientras con la otra mano (hay que ser un poco Shiva) vas soltando un hilillo de aceite. Conseguir una crema tan agradable al tacto que te la embadurnarías por la cara. No queremos dar ideas cosméticas, pero sería un éxito facial.

Reverdecedor de carnes, de pescados con una cierta potencia, de tostadas, de grisines, de bastoncitos vegetales, esas *crudités* casi extinguidas. ¡En lucha contra el colesterol con el Green Power! Es un *allioli* sin huevo por lo que no hay que sufrir por la conservación. El lector avispado se preguntará si no estamos intentando camuflar un guacamole. ¿Lo es?

#verde #túrmix #cítrico #rapidillo

Reverdecedor de carnes, de pescados con una cierta potencia,
de tostadas, de grisines, de bastoncitos vegetales,
esas *crudités* casi extinguidas.

Navajas a piñón

QUÉ

Navajas
Agua
Piñones
Aceite

CÓMO

Para las navajas: durante un buen rato, colocarlas de pie —excelente si las has comprado atadas; si no, imita ese apelotonamiento de hora punta en el transporte público y apriétalas con una goma— en un cazo con agua y sal para que suelten lastre o arenilla. Después abre las navajas, sin amenazas ni violencia, en una vaporera. Desconchar. Cortar el tubo donde almacenan la porquería. Malditas navajas. No hay manera de masticarlas sin que algún residuo sólido arañe la carne.

Para los piñones: con el cuchillo, trocear un poco, sin convertirlos en polvo sospechoso. Dorar en la sartén con un poco de aceite.

Emplatado: devolver los cuerpecillos de la navaja a su ataúd o funda y aliñar con la arenilla de piñones.

Versión: llenar un pulverizador de aceite con vino de Jerez, una manzanilla, por ejemplo, y rociar la navaja con ese flit aromático. Un soplo de aire salino.

POR QUÉ

La textura babosa de la navaja resaltada con la firmeza del piñón, que aporta contraste y grasa. La vaporera facilita la cocción perfecta y con la rapidez de un carterista. El líquido restante, el agua hervida más el goteo salino de las navajas, puede ser enriquecido con algas, colado y servido en chupitos como un *dashi* un poco tristón.

#navaja #rapidillo #vaporera #molusco #frutoseco

La textura babosa de la navaja
resaltada con la firmeza del piñón,
que aporta contraste y grasa.

Boquerones ahumados 15'

QUÉ

Lomos de boquerones
Pimentón ahumado de La Vera
Aceite de oliva virgen extra
Sal Maldon

CÓMO

Para los lomos: siempre que se trabaja lo crudo, lo recomendable es haber congelado antes para (si lo tuviera) acogotar al anisakis. Limpiar los lomos, eliminar la cola y los laterales. Dejarlos limpios y guapos, como si tuvieran una cita.

Para la marinada: mezclar el aceite con el pimentón de La Vera (una cucharada). Sumergir 15 minutos los lomos en la mezcla, imaginando que están en el jacuzzi, tocándose, promiscuos.

Emplatar: escurrir y colocar los lomos con la piel hacia abajo. Salar con Maldon. Añadir algunas gotas de la marinada.

Versión: devolver la columna vertebral al lomo. Emplatar con las espinas fritas de la receta Raspas en la red.

POR QUÉ

Estos lomitos guapos pueden servirse como aperitivo o formando parte de una estructura más compleja, una ensalada.

Es un ahumado exprés, listo en 15 minutos, gracias al pimentón de La Vera. Ese ingrediente es mágico —«má-ji-co», que diría Adrià—, pero también agresivo como un perro de presa. Si te pasas, se agarra a la garganta y no la suelta.

#rapidillo #crudo #pescado #boquerón #ahumado #especias

Es un ahumado exprés, listo en 15 minutos, gracias al pimentón de La Vera.

Boquerones patateros

Boquerones
Vinagre suave
Patatas
Agua
Ajos
Sal
Pimienta negra
Mantequilla
Aceite de oliva virgen extra
Polvo de piel de mandarina

Para los boquerones: limpiar los lomitos. Escabechar unas 24 horas —quien dice 24 dice 20 o 15— cubiertos con un vinagre suave (tipo cabernet sauvignon), pimienta y sal. Rescatar del ácido, secar y cubrir con aceite de oliva. Reservar.

Para el puré de patata: hervir patatas troceadas —sin piel—, ajos pelados, pimienta y sal. Pasar el tubérculo cocido a un túrmix, triturar con mantequilla y aceite. Si es necesario, añadir agua de la cocción. La pasta tiene que ser elástica, agradable y estilosa, ¡incluso deportiva!

Para el polvo de mandarina: secar pieles troceadas de mandarina y triturar con el 123.

Emplatar: en la base, una cama de puré, encima los boquerones y ligando el conjunto marcianete, el polvo cítrico.

POR QUÉ

El escabeche del boquerón, la marcha del puré y el acabado cítrico. ¿Paisaje mediterráneo? He aquí su mejor versión. Crudo-no crudo y cremoso.

Cómo odiaba de niño el puré. Y qué gusto tomarlo ahora. Has comprendido el secreto: es un tobogán de grasas.

#crudo #pescado #boquerón #patata #cítrico #123 #túrmix

¿Paisaje mediterráneo? He aquí su mejor versión.
Crudo-no crudo y cremoso.

Bonito con tomate

QUÉ

Lomo bonito de bonito
Tomates maduros
Aceite de oliva virgen extra
Pimentón de La Vera
Sal gruesa
Sal Maldon
Hojas de shiso

CÓMO

Para el bonito: enterrarlo (sal gruesa, pimentón de La Vera) entre 10 y 20 horas, dependiendo del tamaño de la pieza. Tras el reposo en el mar Muerto, limpiar los restos de la mortaja. Secar bien, untar con aceite de oliva, el santo óleo. En el momento de emplatar, cortar en tiras.

Para el tomate: colocar las bolas rojas —a las que habrás practicado unas pequeñas incisiones en la base— bajo el chorro de agua caliente. La piel se desprenderá con facilidad. Cortar en rodajas. Si estuviéramos fuera de temporada es mejor escaldar la fruta-hortaliza (y sumergirla en agua fría) porque la piel será más dura.

Emplatar: alternar cortes de bonito y cortes de tomate. Alegra el tomate con la Maldon (¡solo el tomate, el pescado ni tocarlo!). En paralelo, las hojas de shiso morado, también con sal. Para terminar, un buen chorretón de aceite sobre los tres compadres.

POR QUÉ

Rojos, rojos, rojos. ¡Verano! Productos estivales, en sazón. Versión fría de un plato caliente. Ni fuegos ni cazuelas. Ninguna cocción. Pureza en la boca. Fan de la mojama, la fabricamos en casa. Podríamos completar el platillo con unas almendras. Por supuesto puedes servirlo como aperitivo. Tú pones la caña. Señalo también el ahumado exprés, sin polvitos extraños y tóxicos ni sales sospechosas.

El shiso es una pijada que nos gusta. Compramos la planta asiática en un mercadillo de hierbas y vive en un tiesto en la terraza. Con esas hojas refrescantes rompemos la monotonía de la lechuga, la rúcula o los canónigos. Es amiguete del *sashimi*, con propiedades desinfectantes, así que se enrolla bien con este bonito.

#pescado #bonito #ahumado #crudo #hortaliza #asiatiquea

¡Verano! Productos estivales, en sazón.
Versión fría de un plato caliente.
Ni fuegos ni cazuelas. Ninguna cocción.

Paté de caballa

QUÉ

Filetes de caballa
Yogur griego
Mostaza
Cebolleta
Aceite de oliva virgen extra
Piel de lima
Sal
Pimienta

CÓMO

Para la caballa: cocinar filete a filete en el microondas, en un plato untado con aceite y con la piel hacia abajo. Hay que estar atentos y cocinar poco a poco. Mejor parar y controlar que amojamar. Quitar la piel.

Para el paté: desmenuzar el pescado. Añadir el yogur griego, una o dos cucharadas de mostaza (según se prefiera más o menos picante, es preferible ser tacaño e ir aumentando las dosis), la cebolleta cortada en daditos, el aceite de oliva, la sal y la pimienta. Trabajar la pasta para que quede espesa pero no un engrudo. Rallar la piel de lima con cuidado: no conviene que sepa a dentífrico. Refrigerar para que coja consistencia.

Emplatado: sirve cualquier recipiente que pueda ser llevado a la mesa sin avergonzar a su propietario.

POR QUÉ

Como es obvio, las tostadas van de maravilla. Es una pasta para untar. Un paté o *rillette* de pescado, alternativa suave y cargada de omega 3 a las vísceras de ocas y patos, o a las sospechosas combinaciones de las partes íntimas del cerdo. La lima da alas al pez, aunque el exceso puede cargarse la mezcla.

#pescado #caballa #rapidillo #cítrico #microondas #lácteo

Es una pasta para untar.
Un paté o *rillette* de pescado,
alternativa suave a las vísceras de ocas y patos.

Chupito de lentejas

Lentejas cocidas
Patata
Ajo
Cebolla
Zanahoria
Calabaza
Tomate triturado
Cúrcuma
Sal
Pimienta
Aceite de oliva virgen extra

CÓMO

Para el sofrito: sofreír las hortalizas en cuadraditos, excepto la cebolla y el ajo, en cortes minúsculos para una cocción plis-plas. Cuando estén bien pochadas, embadurnar con dos cucharadas de tomate y concentrar. Rehogar las lentejas con cuidado, espolvorear con la cúrcuma. Salpimentar. Añadir agua y guisar. Triturar con el túrmix y colar con el chino.

Emplatado: servir en vaso de chupito.

POR QUÉ

Sí, hemos destruido unas estupendas lentejas vegetales. No es necesario. Podemos aprovechar los restos del día anterior para un traguito de bienvenida. Siempre a favor del reciclaje gastronómico. O por si hay desdentados en casa. O ciudadanos del subcontinente indio con morriña. La cúrcuma le da el toque, sugiere el viaje.

No, si al final las sopas y las cremas volverán a estar de moda. El chupito es otra forma de emplatado menos solemne y tedioso, poco llenabuches. A los niños les encanta esa proporción. A las madres y los padres, no.

#sopa #legumbre #hortaliza #especias #retromoderno

El chupito es otra forma de emplatado
menos solemne y tedioso, poco llenabuches.

Anchoas surferas

QUÉ

Anchoas grandes
Tomates
Mermelada de tomate
Cebolla
Aceite de oliva extra virgen
Sal
Pimienta negra

CÓMO

Para el sofrito: en la sartén, sofreír una montañita de cebolla, salpimentar. Cuando esté pochada, agregar el tomate sin piel ni pepitas. Concentrar. Hacia el final, un par de cucharadas de mermelada de tomate. Vigila: no tiene que quedar dulzón. Si eres aprensivo al bote, añade azúcar moreno en el primer paso, cuando la cebolla esté hecha y prescinde de la mermelada.

Emplatado: extiende la marea roja en un plato y cubre con la anchoa salaz.

POR QUÉ

Una tostada de anchoa con tomate pero sin el pan. Aunque a favor de comer con las manos y relacionarnos de forma íntima con el producto, queremos dar a esa plancha de surf sobre olas de tomate la dignidad y ceremonia que merece y atacarla con el armamento, cuchillo y tenedor.

En torno a las anchoas hay demasiada oscuridad: ¿de dónde procede la materia prima? Las envasadoras nunca descubren en qué remotos mares cobran la pieza. Retuercen las preposiciones, ese *de*, anchoas *de*... solo indican el emplazamiento de la fábrica y un estilo de elaboración. Queremos saber. ¿De dónde son? Por un etiquetaje claro. Mientras vamos meditando, adentrémonos en la carnosidad. Este entrante necesita bestias XXL que justifiquen pasarlas a cuchillo.

#anchoa #salazón #rapidillo #hortaliza

Queremos dar a esa plancha de surf
sobre olas de tomate
la dignidad y ceremonia que merece.

Tirabeques que se creen guisantes

QUÉ

Tirabeques
Cebolla
Butifarra negra
Sal fina
Sal Maldon
Aceite de oliva virgen extra

CÓMO

Para los tirabeques: que suden en la vaporera. Después, acostarlos en una sartén untada con un par de gotas de aceite. Tostar la golosina por las dos caras.

Para la butifarra negra: cortar en pedazos y saltear sin aceite.

Para la cebolla: pochar largo rato hasta que se *amermelade*. Comenzar con un poco de aceite, sal e ir refrescando con agua.

Emplatado: una línea de cebolla, tapar con el tirabeque, completar con la butifarra y la sal Maldon. Abrir algunos tirabeques y sacar las canicas a rodar.

POR QUÉ

Una primavera se sucedieron varios platos similares, sin que hubiese contacto entre los chefs. Primero fueron los guisantes de la *floreta* de Nandu Jubany (Vic, Osona, Barcelona) cocinados en la vaina como una papillote natural y, un par de semanas después, los de Miguel Barreda en Cal Paradís (Vall d'Alba, Castelló), servidos también con actitud de alta cocina, respeto por el producto e intervención mínima pero cabal. En el primero invitaron a chupar el azúcar de la cáscara; en el segundo, a comerla. Hubo confusión en Cal Paradís, pues la vaina de los guisantes es más dura que la mollera de un defensa. Quedó aclarado el malentendido: ¡eran tirabeques! Unos y otros son de la misma familia.

Estos son unos tirabeques-que-se-creían-guisantes-de-la-*floreta*. Los elementos de un guiso sin guisar. Sin embargo, el conjunto resulta jugoso porque la cobertura ha protegido las semillas y la cebolla sabe cantar una nana.

Versión: si eliminas el cerdo, es un plato vegetariano.

#verde #legumbre #vaporera #rapidillo #embutido

Los elementos de un guiso sin guisar,
el conjunto resulta jugoso
porque la cobertura ha protegido las semillas
y la cebolla sabe cantar una nana.

Espinakas kao

QUÉ

Espinacas frescas
Ajos
Fino
Sal
Aceite de oliva virgen extra

CÓMO

Para el ajo: pelar un par de ajos, quitar el germen, y dorar en el wok con aceite. Retirar.

Para las espinacas: cortar los pedúnculos para evitar un amargor excesivo. En el aceite de ajos, saltear las hojas limpias. Cuidado porque saltan y pican más que un circo de pulgas. Poca sal porque la *espinacada* se concentra y reduce como el hombre menguante. Soltar un chorro de fino y que reduzca.

Emplatado: sobre la alfombra verde, los ajos.

POR QUÉ

Josep Maria Kao, el dueño catalanochino del restaurante Shanghai, saltea esta receta con vino de arroz. Con morro sustituí esa palidez alcohólica por otra, buscando la cercanía del fino y su complejidad aromática. Escribí alguna vez que el aroma dulzón recordaba a un viejo barril de madera que contuvo aceitunas aliñadas.

Las espinacas frescas y tersas se arrugan, se contraen. En unos segundos, ante nosotros, los estragos del paso del tiempo. Una forma sutil de amargarnos.

#verde #espinacas #wok #rapidillo #vino #asiatiquea

Las espinacas frescas y tersas
se arrugan, se contraen.
En unos segundos, ante nosotros,
los estragos del paso del tiempo.

Flor de cebolla y alcachofa

QUÉ

Cebolla
Alcachofa
Aceite de oliva virgen extra
Pimienta negra
Sal

CÓMO

Para la cebolla y la alcachofa: precalentar el horno a 220°. En una fuente, depositar como ofrenda la cebolla y la alcachofa. Sin aceite, sin sal, sin protección, a cara descubierta. Sacar cuando el exterior comience a quemarse. Desechar las capas agredidas y buscar el corazón blanco. Ir separando hojas de la una y de la otra.

Emplatado: alternar las hojas traslúcidas de la cebolla con las firmes de la alcachofa, dando forma de flor. Salpimentar. Florecer con el aceite.

POR QUÉ

La alcachofa es una flor, devolvámosla a ese estado. La cebolla es una buena comparsa, más blanda y maleable, acomodaticia.

Protegidas del chamuscamiento por capas o lascas de armaduras, la parte oculta va cocinándose con lentitud, en sus jugos. Otra papillote que no necesita de papeles, libre y autosuficiente.

#rapidillo #horno #verde #hortaliza

La alcachofa es una flor, devolvámosla a ese estado.
La cebolla es una buena comparsa,
más blanda y maleable, acomodaticia.

Kroketas

QUÉ

Carn d'olla (pollo, costilla de ternera)
Cebolla
Leche
Panko
Huevo
Harina
Pimienta
Aceite
Mantequilla
Sal

CÓMO

Para la masa: tras elaborar una *escudella* contundente, desmenuzar la carne hervida, eliminar huesecillos y otros estorbos que pueda interrumpir más tarde la mullida degustación. Pasar por el 123, la picadora, hasta que la carne quede suave como una piel bien hidratada. En una sartén con aceite y mantequilla, sofreír la cebolla. Rustir la carne. Espolvorear con harina. En el microondas, calentar la leche con pimienta y sal y agregar a la mezcla, si la embebe rápidamente, añadir otro vaso. Evitar los extremos, el encharcamiento y la sequedad. Reservar un par de horas en la nevera para que tome consistencia.

Para el rebozado: disponer tres boles: harina, huevo batido y *panko* (pan japonés). Pellizcar la masa e ir fabricando proyectiles (tener siempre las manos húmedas para facilitar la manipulación). Pasar por los tres boles, en este orden, harina-huevo-*panko*. Freír en aceite caliente. Desengrasar sobre papel de cocina.

Emplatado: si te descuidas, no llegan al plato.

POR QUÉ

Sí, también en este recetario hemos sucumbido a la croqueta, rebautizada como *kroketas* por culpa del *panko*. La *k* es la letra principal de la #kocinaurbana, esa culinaria mestiza y contaminada, contaminante. Barcelona es Kroquelona, la ciudad bombardeada por miles de obuses: amamos tanto la croqueta como la odiamos. Alguien decidió que todo era *croqueteable*, con monstruosas repercusiones. Nunca se cometieron mayores crímenes contra la gastronomía que bajo su invocación.

Podemos simplificar la fritura solo con harina de galleta, la superficie bruñida, el interior mórbido. Pero a los niños les agrada el breve erizamiento del *panko*.

Esta receta es de reciclaje, muy educativa para concienciar a jóvenes despilfarradores. Damos noble uso a las macilentas carnes tras pasar por el bidet de la *escudella* (que en este libro se versiona como *escudella ramen*).

La hermosa transformación de la mustia carne hervida en una rubia de turgente figura.

#carne #pollo #ternera #123 #microondas #retromoderno

Alguien decidió que todo era *croqueteable*,
con monstruosas repercusiones.
Nunca se cometieron mayores crímenes
contra la gastronomía que bajo su invocación.

Empanadillas

QUÉ

Obleas
Lata de atún en aceite de oliva
Cebolla
Tomate triturado
Orégano fresco
Pimienta negra
Sal

CÓMO

Para el relleno: colar el contenido de la lata de atún para separar el sólido del líquido. Picar una cebolla y sofreír en el aceite latoso. Cuando la cebolla esté a punto, enrojecer con el tomate triturado. Salpimentar. Reducir y añadir el atún, desmigar con la cuchara de madera. Reverdecer con el orégano acuchillado o picado. Mezclar, apagar y dejar entibiar.

Para la oblea: calentar el horno a 220º. Sobre una plancha de silicona (silpat) o papel para horno, ir depositando las obleas. Dejar un montoncito de mezcla en un extremo y doblar. Con un tenedor puedes entretenerte en embellecer los bordes, acanalándolos. Doblar. Meter en el horno a una altura media. Dejar encendida la función de grill. Cuando esté hecha una cara, dar la vuelta a la media luna. Atención porque se ennegrece con más rapidez que la cara de un minero.

Emplatado: pues eso, en un plato.

POR QUÉ

Elogiamos los *dim sum* y las *gyozas* y olvidamos las empanadillas. ¿Por qué esas medias lunas no son perseguidas por los gastroyonquis y los *hipsters* de los palillos? No tientan con el *glamour* de lo extranjero, sino que solo ofrecen el crujir de lo cotidiano. Quien quiera experimentar con las crestas tiene ante sí un negocio posible. Sé intrépido con los rellenos y propón salsas. La de atún de lata con tomate resuelve algunas cenas familiares de domingo, cuando el lunes se acerca con peligro de choque. Una porción de placer antes de ser aplastado por la semana.

Ahorradores, usamos el aceite de la conserva y lo horneamos en lugar de freír, suprimiendo grasas. Reduciendo la pesadez y con un *creck* menos aceitoso, estamos dispuestos para comer más, pero el cocinero, roñoso, ha escaseado la ración.

#atún #conserva #horno #rapidillo #retromoderno #silpat

Las empanadillas. No tientan con el *glamour* de lo extranjero, sino que solo ofrecen el crujir de lo cotidiano. Sé intrépido con los rellenos y propón salsas.

Croquetas de bacalao

QUÉ

Tiras de bacalao seco
Patatas
Piñones
Perejil
Huevos
Ajos
Aceite de oliva virgen extra

CÓMO

Para el bacalao: con anticipación, desalar, ir cambiando aguas hasta que esté a punto. Secar y desmigar.

Para el perejil: picar.

Para la masa de patata y bacalao: en un recipiente hondo, las patatas peladas y un par de ajos sin el nervio central, cubrir con agua y llevar a hervir. Con el último hervor, a punto las patatas y los ajos cocinados, añadir el bacalao desmigado. La intención es hacer una pasta, así que si sobra agua, si el conjunto es demasiado líquido retirar antes de invitar a la momia, al pescado resucitado. Apagar el fuego y trasladar el recipiente al mármol o a la mesa de trabajo. Con una cuchara de madera, ligar la masa, añadir el perejil picado y los piñones. Cascar dos huevos, separar yemas y claras. Iluminar el bacalao con patatas con los dos soles, que amarillearán el pastel. Pasar a otro recipiente ancho y bajo, dejar reposar, que enfríe y tome consistencia. Hacer croquetas con las manitas o con la ayuda de dos cucharas.

Para la croqueta: batir las claras, pasar la croqueta por esa baba y freír en aceite caliente. Desengrasar sobre papel de cocina.

Emplatado: ¿es necesario?

POR QUÉ

Esta receta es una herencia por parte de madre, de la abuela Carmen. Gran señora, no le gustaba el zafarrancho, a diferencia de mi madre, cocinera total, capaz de preparar cinco platos a la vez al estilo de los malabaristas chinos, esos que sostienen una vajilla en el aire sin romperla.

Entrante, o saliente, de posguerra para esta posguerra de la que intentamos zafarnos. Hubo tiempo, allá en el 2007 a. C. (antes de la Crisis), en el que el buñuelo era una pieza noble, rebozada de la mejor carne blanca, bacalao puro. En los restaurantes los cobraban a precio de moneda de oro. ¡Ah, aquellos lugares para especuladores y bancarios! De vuelta a la realidad y al menudeo, esta es una receta de subsistencia, con la patata soportando el peso y la responsabilidad. Los piñones son anecdóticos, prescindibles.

Hemos pasado del morro (mucho morro) a la miga.

#retromoderno #patata #pescado #bacalao #frutoseco

Entrante, o saliente, de posguerra
para esta posguerra de la que intentamos zafarnos.

'Tartar' envasado

QUÉ

Salmón fresco
Lechuga
Tomate
Sal Maldon
Jengibre fresco
Aceite de oliva extra virgen
Vinagre de arroz
Aceite de sésamo
Soja
Sésamo blanco
Sésamo negro

CÓMO

Para la lechuga y el tomate: cortar la lechuga en trozos medianos. Cortar el tomate en cuadraditos. Aliñar con el aceite antes de emplatar, o *envasar*.

Para el *tartar*: desmenuzar el salmón con el cuchillo. En un bote, mezcla la soja, el vinagre de arroz y el aceite de sésamo, tapar y agitar con fuerza para emulsionar. Mezclar bien con el salmón, perdigonear con el sésamo mulato. Pelar la raíz de jengibre y rallar. No salar.

Emplatado: en el vaso, preparar capas. En la base, el *tartar*, encima la lechuga y el tomate, con un chispazo de Maldon y jengibre rallado.

POR QUÉ

Una ensalada individual, estratificada, lo que permite gozar de cada uno de los elementos, del conjunto. Otro modo de emplatar un *tartar,* sin la necesidad del aro, facilitando la rapidez del servicio. Una idea para los jóvenes restauradores y los menús sencillos de mediodía, desentumeciendo al cliente.

Dicen que el aceite de sésamo tiene más propiedades que un terrateniente. Esta noche me haré un *peeling* con él.

#crudo #verde #rapidillo #asiatiquea #rallador

Una ensalada individual, estratificada, lo que permite gozar
de cada uno de los elementos, del conjunto.
Otro modo de emplatar un *tartar*.

Manzana 'gouden'

QUÉ

Lechuga
Queso gouda
Manzana golden
Limón
Aceite de oliva extra virgen
Tomillo fresco
Cebollino

CÓMO

Para el queso: cortar en dados.

Para la manzana: cortar en dados.

Para la lechuga: cortar en cuadrados, o rectángulos, o triángulos. Vamos, que no sea muy grande. Poner a punto de sal.

Para el tomillo y el cebollino: cortar en pedacitos.

Para el aliño: meter en un bote el zumo de limón y el doble de aceite. Cerrar el bote y *maracanear*, darle a la maraca.

Envasado: en un vaso, disponer la lechuga como cojín, encima la manzana y el queso, mojar con la emulsión y repartir el cebollino y el tomillo.

Frescor y acidez. La manzana golden en contacto con el queso gouda es una *gouden*. Tiramos los dados de fruta y lácteo y ruedan dos tonos de amarillo, del pálido al crema. El tomillo y el cebollino punzan y levantan. El placer de comer en el vaso, llevando la ensalada a la altura de la boca, la espalda recta. Untando el crujir en aliño también amarillento sin desperdiciar la salsa, atrapada en el vaso.

#rapidillo #fruta #manzana #lácteo #aromáticas #verde

Frescor y acidez. La manzana golden
en contacto con el queso gouda es una *gouden*.

El huerto en un vasito

QUÉ

> Espárragos
> Zanahorias
> Tomates
> Cabeza de ajos
> Albahaca
> Avellana
> Pan tostado
> *Nyora* en polvo
> Vinagre de Jerez
> Aceite
> Sal

CÓMO

> **Para el romesco de albahaca:** hornear los tomates y la cabeza de ajos. Cuando los tomates parezcan pochos, sacar. Quitar la piel y partir en trozos. Abrir los ajos, de textura pastosa. Triturar la avellana en el 123. En el vaso del túrmix, mezclar los tomates, los ajos pelados, el pan tostado, la *nyora* en polvo, el vinagre de Jerez, el aceite, la sal y la albahaca. Triturar. Añadir más o menos vinagre según se quiera levantar de la silla o no al comensal.
>
> **Para los espárragos:** con un pelador, quitar la piel externa. Dejar las puntas. Escaldar las lanzas en agua hirviendo. Refrescar con agua fría, secar y reservar.

Para las zanahorias: con un pelador, quitar la piel externa. Hacer bastoncitos y escaldar en agua hirviendo. Refrescar con agua fría, secar y reservar.

Emplatado: llenar un vasito con el romesco y *pinchar* las hortalizas.

Versión 1: si quieres orientalizarlo usa jang *coreano* o soja japonesa. *Vigila entonces la sal.*

Versión 2: puedes añadir guindilla para enrojecer aún más al comensal.

POR QUÉ

El romesco es una de las grandes salsas mundiales, aún poco conocida lejos de la frontera catalana. Es Mediterráneo puro: tomate, fruto seco, aceite, pimiento. Un anaranjado, los colores del paisaje. Esta versión con albahaca lo hace distinguido, con ese puntito levantisco de la hoja.

Escaldo la *crudité* en busca de texturas más amables. Entrada para comer con los dedos, untar, rebañar, chuparte las yemas como parte del ejercicio vegetariano. Llámalo *dip* si eres anglófilo. Salud y sabor. ¿Quién dijo que el verde era aburrido?

Ejercicio de vanguardia pequeña: el huerto en el vaso, las hortalizas crecen en la tierra roja. Muchos chefs han sido huertanos sin mancharse de barro. Joan Roca, Eneko Atxa, Yoshihiro Narisawa, René Redzepi o los hermanos Torres han llevado campos o macetas a la mesa. Nuestra tierra comestible procede de la tierra.

#verde #hortaliza #túrmix #123 #frutoseco #aromáticas

Entrada para comer con los dedos,
untar, rebañar, chuparte las yemas
como parte del ejercicio vegetariano.

[Nigirilandia   ]

'Nigiri' de atún

QUÉ

Filete de atún
Arroz
Sal Maldon
Mayonesa de bote
Wasabi
Hebras de azafrán
Piel seca de mandarina
Tomillo fresco
Aceite de oliva virgen extra

CÓMO

Para el arroz: limpiar el arroz con agua y dejar 20 minutos en remojo. Limpiar de nuevo y poner a hervir (por 300 g de arroz, 480 de agua). Cuando hierva, bajar el fuego, tapar y esperar diez minutos. Pasar a un recipiente amplio en el que los granos respiren. Dejar enfriar. Aliñar con sal, aceite de oliva y pimienta. Con las manos húmedas, ir fabricando elipses o zepelines. Humedecer los dedos antes de cada movimiento para evitar el apelmazamiento.

Para el atún: hacer láminas aprovechando el descongelamiento de la pieza. Para luchar contra el anisakis es aconsejable congelar los lingotes. Comprar atún fresco y entregarlo a la fría mazmorra del congelador.

Para la mayonesa de *wasabi*: mezclar la mayonesa con el *wasabi*, hasta que la crema amarilla sea verdosa.

Para la piel de mandarina: cortar a tiras la piel de una mandarina y dejar secar. Hacer cuadraditos.

Emplatado: untar el arroz con mayonesa de *wasabi*, cubrir con la mantita de atún y puntear con la Maldon, las hebras de azafrán, la mandarina y el tomillo.

Para luchar contra el anisakis
es aconsejable congelar los lingotes.
Comprar atún fresco
y entregarlo a la fría mazmorra del congelador.

'Nigiri' de cuchara

QUÉ

Filete de atún
Arroz
Molinillo de pimientas
Mayonesa de bote
Wasabi
Alga nori

CÓMO

Para el atún, el arroz y la mayonesa de *wasabi*: el mismo proceso que en el *nigiri* de atún.

Para el alga: cortar trozos del tamaño de la lámina de atún.

Emplatado: hacer bolas o croquetitas con el arroz, manchar con la mayonesa, tapar con el alga y seguir con el atún. Sal Maldon y lluvia de pimienta con el molinillo.

'Nigiri' de salmón

QUÉ

Lomo de salmón
Arroz
Aceite de oliva virgen extra
Mostaza
Nori en polvo
Tomillo

CÓMO

Para el salmón: marinar 12 horas en la nevera, cubierto con sal (60%) y azúcar moreno (40%). Limpiar bajo el chorro de agua. Secar y untar con aceite. Hacer filetitos.

Para el arroz: como en el nigiri de atún.

Para polvo de nori: cortar en pedazos las planchas de alga y triturar en el 123.

Emplatado: untar las *croquetas* de arroz con la mostaza, proteger con el salmón, realzar con el polvo de nori y las hojitas de tomillo.

'Nigiri' de solomillo

QUÉ

Solomillo de cerdo
Arroz
Aceite de oliva virgen extra
Hierbas secas del jardín (menta, romero, tomillo, laurel, ajedrea)
Mostaza

CÓMO

Para el solomillo: limpiar de nervios y grasa, cubrir dos horas con sal. Limpiar y secar. Cortar en láminas. Untar las láminas con aceite.

Para el arroz: como en el *nigiri* de atún.

Emplatado: barnizar los proyectiles de arroz con la mostaza, cubrir con el solomillo, alegrar con las hierbas secas.

'Nigiri' tiradito

QUÉ

Boquerón
Arroz
Sal Maldon
Limón
Aceite de oliva virgen extra
Pimienta negra
Hojas de cilantro
Ají panca
Ajo molido
Jengibre en polvo

CÓMO

Para el boquerón: hacer filetitos guapos.

Para la marinada: mezclar el zumo de un limón, el aceite de oliva, las hojitas troceadas de cilantro, la pimienta, al ají panca, el ajo molido y el jengibre en polvo. Sumergir los boquerones unos diez minutos. ¡Inmersión!

Para el arroz: como en el *nigiri* de atún.

Emplatado: arropar los óvalos de arroz con el boquerón marinado, sal Maldon y ralladura de la piel del limón.

Es un porqué colectivo. Si entre los lectores hay ciudadanos de Japón, deben de estar muertos por el susto. De existir una Autoridad del Sushi, me encontraría detenido. Estas recetas les causan a los japoneses el mismo efecto que a mí las paellas con chorizo: ¡abominación!, ¡anatema! Aunque espero haber sido más equilibrado y reflexivo con los *nigiris* que los guiris cuando torturan a la pobre e indefensa paellita, invadiendo sus frágiles defensas con napalm.

Para mí, los *nigiris* funcionan como intercambiadores de sabor. Los aliños sobre la superficie del pescado que propongo pueden ser sustituidos por otros, según la imaginación o el gusto del cocinero. Es un mecano, las mismas piezas combinadas de manera distinta construyen otro juguete.

Lo primero es hablar del arroz, lo más importante del *sushi*: cómo lo aparentemente secundario, barato y vulgar es el pilar. Nos fijamos en el pescado y deberíamos prestar atención a lo que lo sostiene. Los *itamaes* son unos obsesos de la gramínea y su tratamiento, cocción, aliño y manipulación. Liberado de esa carga como occidental, uso la variedad *senia* o *bahía* en lugar de la habitual japonesa, paso del vinagre y engraso con aceite. Sé que la Autoridad del Sushi llama a la puerta. Excusémonos diciendo que hago *nigiris*... mediterráneos. Qué bajo he caído al usar ese recurso.

Mis hijos se chiflan por lo japo, que en casa servimos bajo el término *guarrisushi*. Preparamos el arroz, cortamos el pescado (comprado fresco y después congelado, bien sea salmón, atún o boquerón; lo que tomamos crudo, lo *esterilizamos* primero en el congelador), le damos a la mayonesa de *wasabi*, preparamos una ensalada de lechuga, aguacate y cebolla, destapamos la soja, cortamos en rectángulos el alga nori. Y cada uno se fabrica su paquetito o cono, según habilidad. Háztelo-tú-mismo. *Guarrisushi* pringoso y excelente. Eso sí que es intervenir en el plato.

El *nigiri* de cuchara nació de la torpeza, también conocido como *nigiri para asnos* porque ni siquiera tienes que molestarte en dar apretones al arroz. El de atún es un básico, modificado con la propuesta levantina de la mandarina y el azafrán y el tomillo. Las hierbas aromáticas saltan con garbo sobre estos trampolines.

El de salmón y el de solomillo (¿por qué no carne en el territorio del pescado?) han sido *salado*s previamente con el enterramiento para reavivarlos. Y el de boquerón aprovecha el marinado rápido del tiradito para un juego nikkei. Son cinco *nigiris* inventados, pero podrían ser cincuenta.

#asiatiquea #aromáticas #cítrico #especias #123 #rallador #pescado
#salmón #atún #boquerón #carne #cerdo #crudo

Oreos de butifarra negra

QUÉ

Butifarra negra
Patata
Manzana
Jengibre fresco
Sal
Aceite de oliva extra virgen

CÓMO

Para la patata: cortar en lonchas y con un aro, hacer monedas. Confitar esos doblones en aceite de oliva (fuego al mínimo). Desengrasar sobre papel de cocina. Salar. También admite una mezcla de menta, romero y tomillo secos.

Para la butifarra: cortar en rodajitas, del tamaño de los doblones patateros. Tostar sin aceite en una sartén. Desengrasar.

Para la manzana: hacer al horno (a 200°). Desmenuzar y pastelear. Pelar y rallar el jengibre.

Emplatado: hacer bocaditos, patata + butifarra + patata. Exhibir sobre la peana frutal.

POR QUÉ

Es un Oreo al revés, lo negro dentro. Y probablemente más sano, aunque parezca más graso. Entrante en lugar de postre, adelantando posiciones, Oreo para adultos: esta preparación no atrae a los niños, que ignoran el chiste y se sienten engañados.

La manzana con el jengibre es expectorante, aunque sumamos texturas pastosas, la de la fruta y la del tubérculo, es la raíz la que da la nota alta, punzante e infantil, juguetona.

#rapidillo #embutido #fruta #especias #rallador

Oreo para adultos:
esta preparación no atrae a los niños,
que ignoran el chiste y se sienten engañados.

Pizza margarita con cuchara

QUÉ

Tomates maduros
Mascarpone
Hojas de albahaca
Sal
Sal Maldon
Aceite de oliva virgen extra

CÓMO

Para los tomates: hacer una cruz en la base y escaldar en agua caliente. Refrescar con agua fría, sacar la piel. Triturar con el túrmix. Pasar por el chino para afinar. Colocar el líquido rojo en un túper alto y abierto. Meter en el congelador y, a medida que vaya cristalizando, ir rompiendo el casquete polar con una cuchara. Nunca tiene que llegar a congelar, querido esquimal. La textura es de granizado.

Para la albahaca: con el túrmix, triturar con aceite. Reservar en un biberón. De no tener, colocar con un bote y usar una cucharilla para salsear.

Para el mascarpone: sacar con tiempo de la nevera y cambiar de recipiente, mover con una cuchara para reblandecer.

Emplatado: en una copa de cóctel, formar capas. Abajo, el mascarpone, con un toque de sal común y un poco de aceite de albahaca; en medio, el granizado de tomate con la sal Maldon. Por último, el aceite de albahaca a golpe de biberón y una hojita fresca.

POR QUÉ

Son los ingredientes de una pizza margarita, los tres colores de la bandera italiana, sustituida la mozzarella por el mascarpone en busca de mayor cremosidad (pero ningún problema si te decides por la mozzarella). Una preparación de horno servida bajo cero. Ah, aquella regla de la modernidad: no hay barreras entre lo caliente y lo frío...

El camarero —¡cómo!, ¿en tu casa no hay servicio?— te indicará que hay que hundir la cucharilla, para comer de abajo a arriba.

Pizza napolitana, acumulamos los sedimentos de Pompeya tras el enfado del volcán. ¿Para beber o comer, cóctel o plato? Qué más da: margarita a cucharadas, sin hartarnos y sin fastidiar a los celíacos.

#verde #tomate #aromáticas #lácteo #mascarpone #túrmix

¿Para beber o comer, cóctel o plato?
Qué más da: margarita a cucharadas,
sin hartarnos y sin fastidiar a los celíacos.

] Para seguir [

Ravioli de ensalada

QUÉ

Hojas de acelga
Tomates medianos
Aceitunas manzanilla (sin hueso)
Tomillo
Cebollas
Agua
Aceite de oliva virgen extra
Azúcar moreno
Pimienta negra

CÓMO

Para la acelga: en una vaporera, ablandar las hojas. Sumergir en agua fría para cortar la cocción. Secar y reservar.

Para la cebolla: cortar en juliana, sofreír e ir añadiendo agua. Rectificar de sal. Ir refrescando hasta conseguir, una hora después, una cebolla oscura y *mermelosa*, la conciencia del contable de un partido político.

Para el tomate: embozar cada tomate con papel de plata (ay, si fuera plata de verdad). Hornear hasta que esté pocho. Triturar con el túrmix (mejor sin piel), mezclar con hojitas de tomillo, azúcar, sal, pimienta negra y aceite. Hacer una pasta.

Para la aceituna: el túrmix no descansa, te demandará por explotación. Triturar las aceitunas con aceite y un poco de agua.

Emplatado: disponer una hoja o media de acelga (según tamaño); encima, la salsa de tomate escalivado y sobre esa sangre rota, la cebolla. Hacer paquetitos. Dar la vuelta para disimular los pliegues. Coronar con la pasta de aceituna (vale, tienes un bote inútil y solitario de olivada en la alacena. Si eres perezoso, es el momento de abrirlo).

POR QUÉ

¿Alguna vez has guisado una ensalada?

La repensamos, jugamos con el concepto de ravioli, proponemos una concentración de sabores. La ensalada completa de un bocado. Es una *mise en place* entretenida.

He elegido acelgas porque el día en que preparé y cociné los paquetitos no tenía lechugas de buen tamaño y sí unas hojazas, nervadas y firmes, en las jardineras de la terraza. A los niños les *medioagrada* (mi hijo dijo *sí*; mi hija dijo *no*) y los padres aceptan la esclavitud del verde sin tedio.

Vegetarianismo con intención gastronómica. Y clásico. Los elementos de una convencional, y despreciada, ensalada verde, eso que en los bares lanzan sobre las mesas camareros de sudorosas axilas. La que hemos dignificado y condensado.

#vaporera #horno #túrmix #verde #hortaliza #retromoderno

Vegetarianismo con intención gastronómica.
Los elementos de una convencional,
y despreciada, ensalada verde,
que hemos dignificado y condensado.

'Escudella ramen'

QUÉ

Fideos de *ramen* (*noodles*)

Alga nori cortada en rectángulos

Cebolleta en rodajas

Para el caldo: agua, puerro, zanahoria, patata, cebolla, col, un cuarto de gallina, un trozo de costilla de ternera, hueso de ternera, tocino fresco, espinazo de cerdo, hueso blanco, perejil, sal, pimienta.

Para la *pilota* de piñones: carne picada de cerdo, carne picada de ternera, ajo en polvo, galleta triturada, huevo batido, perejil, pimienta, sal, piñones troceados, harina.

CÓMO

Para la *pilota*: en un recipiente amplio, mezclar con maneras de alfarero todos los elementos, excepto la harina. Dar forma de balón de rugby. Enharinar.

Para el caldo: colocar los ingredientes en la olla exprés, llenar de agua hasta tres cuartos. Añadir la *pilota* de piñones. Cuando el pitorro comience a dar vueltas como un borracho en San Fermín, esperar media hora. Apagar, levantar el pitorro, dejar salir el vapor, abrir, colar y reservar las carnes para hacer *kroketas*. Cortar la *pilota* de piñones en rodajas.

Para los fideos: llenar un cazo con agua. Cuando hierva, apagar. Hidratar los fideos durante cuatro minutos. Reservar en el agua para que no se apelmacen.

Emplatado: en un plato hondo, desenredar la madeja de fideos, cubrir con el caldo caliente. Orillar el embalse con tiras de alga nori y un par de rodajas de *pilota*. Terminar con las cebolletas como si fueran flotadores.

Versión 1: *completar con un huevo de codorniz hervido, pelado y cortado por la mitad. La* pilota *puede ser de pistachos.*

Versión 2: *añadir a cada servicio una cucharada de* miso *o una cucharada de soja.*

POR QUÉ

Barcelona-Tokio. Son caldos familiares, hermanados, de subsistencia. Calderas baratas y portátiles. Dentro de la heterodoxia, hay bastante ortodoxia. Se asemeja a un bol de *ramen* y se asemeja a una *escudella*. Y se aleja de ambas.

Respecto de la *escudella*, una de las muchas sopas fundacionales y amnióticas, emparentadas con otras ollas milenarias, existe la ventaja de ahorrar el líquido que requiere la cocción de la pasta. Los *galets* tradicionales chupan más que los banqueros. Respecto del *ramen*, el *chasu* (cerdo rustido) ha sido sustituido por la *pilota*, con el aliciente de los piñones.

Se asocia el *ramen* con el *fast food*, aunque con el cocinero aficionado habrá descubierto que es *slow*. Ivan Orkin, dueño de Ivan Ramen Plus, en Tokio y Nueva York, define las culebrillas humeantes como *slow food fast*.

Si quema, tampoco es posible lo *fast*, lo rápido. A bufidos es *slow, eslouuuu*.

#sopa #ollaexprés #123 #asiatiquea #retromoderno #carne #ternera #cerdo #frutoseco #hortaliza #pasta

Respecto de la *escudella*, existe la ventaja de ahorrar
el líquido que requiere la cocción de la pasta.
Los *galets* tradicionales chupan más que los banqueros.

Salmón con 'teriyaki' de xarel·lo

QUÉ

Lomo de salmón
Xarel·lo
Vinagre de Jerez
Soja
Jengibre en polvo
Azúcar moreno

CÓMO

Para la marinada: mezclar el xarel·lo, el vinagre, la soja, el jengibre y el azúcar. Sed prudentes en todo e ir sumando de aquí y de allá hasta que el mejunje esté a vuestro gusto.

Para el salmón: quitar la piel y sumergir en el caldito unos cinco minutos por cara. Secar la pieza y pasar a una sartén antiadherente con un poco de aceite. Dorar por ambas caras, conservando el corazón rosado.

Para la salsa: retirar el salmón. Verter la marinada en la sartén y reducir.

Emplatado: napar el pescado con la materia oscura y concentrada.

Versión: el albariño puede sustituir al xarel·lo. Unas hojitas de salvia dan color a la monotonía anaranjada.

POR QUÉ

En el *teriyaki* he cambiado el sake por el xarel·lo, alcohol por alcohol, arroz por uva. Experimenté primero con el albariño Pazo de Señorans y, al segundo intento, la botella había sido vaciada por algún espíritu de la cocina (ejem, fui yo, lo siento). Abrí entonces el xarel·lo Gisele de Mas Tinell, un penedés del 2011 con barrica, del que se comercializaron menos de 3.000 botellas. El salmón lo amó de inmediato. Denso, graso, envolvente, vistió al pescado y siguió haciéndole compañía en la copa. En la receta hay un añadido balsámico, el vinagre de Jerez, con ese aroma que atraviesa el tabique nasal.

¿Qué queda del original? La idea de un *teriyaki* (asado caramelizado a la parrilla, *Diccionario de la cocina japonesa*) en el que han trasvasado los líquidos, el sake y el mirin por el xarel·lo y el vinagre. El salmón, una vez más, a contracorriente.

#pescado #salmón #asiatiquea #rapidillo #vino

¿Qué queda del original?
La idea de un *teriyaki* en el que han trasvasado los líquidos,
el sake y el mirin por el xarel·lo y el vinagre.

Montar a caballa

QUÉ

Filetes de caballa
Acelgas
Avellanas
Aceite de oliva virgen extra
Sal
Alcaparras
Cebolleta
Mayonesa de bote
Mostaza de bote

CÓMO

Para las acelgas: con un chispazo de aceite, saltear en el wok con un plis-plas de sal.

Para las avellanas: romper en el mortero.

Para la salsa: cortar la cebolleta en gajos, dejar algunas horas en agua con sal (e ir cambiándola) para domesticarla. Una vez perdida la bravura, cortar a pedacitos. Desmenuzar también las alcaparras. En un bote, mezclar las alcaparras, la cebolleta, la mayonesa, la mostaza y un poco de aceite. Cerrar el bote y mover como Machín las maracas. Sí, es una salsa tártara contenida.

Para la caballa: untar un plato con un poco de aceite. Colocar encima la caballa, con la piel hacia abajo. Cocinar, a potencia mínima en el microondas. Mejor poco a poco, pasando y comenzando, que de golpe, con un arrebato.

Emplatado: en la base, las acelgas, espolvoreadas con las avellanas. Encima, como una montura, la caballa. Salpimentar y realzar la grasa con un chorrito de aceite. A un lado, el pasto de la caballa, la salsa más o menos tártara.

POR QUÉ

En el trote hemos relacionado montura, tártaro y salsa. Sabido es que los tártaros montaban a caballo y, bajo la montura, maceraban la carne y que esa masa infecciosa se llamó... *tartar*. O puede que sea falso, una leyenda para asustadizos, advertencia para estómagos remilgados.

Nuestra caballa está fresca y trota sobre el verde de las acelgas, la tierra, la clorofila, el pasto. Mientras las salteaba en el wok, se clavó en la mente una idea seca: «Las acelgas van bien con avellanas.» Saqué el mortero prehistórico y rompí unas cuantas canicas.

La salsa exprés, con mostaza y mayonesa de bote, es una tártara sin huevo duro, de ingredientes mínimos. La caballa, domada en el microondas, relincha porque está viva, a punto para la cabalgada. El conjunto, más raro que un unicornio, sabe bien.

#pescado #caballa #microondas #wok #mortero #frutoseco

Nuestra caballa está fresca
y trota sobre el verde de las acelgas,
la tierra, la clorofila, el pasto.

Guisantes al vapor con menta

QUÉ

Guisantes pelados
Cebolleta
Butifarra
Hojas de menta fresca
Sal Maldon
Taquitos de jamón ibérico de bellota
Fino
Aceite de oliva virgen extra

CÓMO

Para los guisantes y la cebolleta: corta la cebolleta en tiras, con un poco de la parte verde. En el fondo de la vaporera, mezcla el agua con el fino. Colocar en la parte superior la cebolleta y los guisantes. Tapar y cocinar al vapor. Si entre el público no hay niños, a mitad de la cocción, mojar las verduras con un chorrito de fino. Hip.

Para la butifarra: cortar a rodajitas, aplastar con el cuchillo. Marcar en una sartén sin aceite.

Para el jamón ibérico de bellota: saltear en una sartén sin aceite. También se pueden cocinar, brevemente, en el microondas con aceite y conseguir... un aceite de jamón.

Emplatado: en un bol o plato hondo, desparramar los guisantes, cuentas verdes, y sumar vecinos: las hojas de menta fresca, la cebolleta al vapor, la butifarra, el jamón, unos cristalitos de Maldon sobre lo vegetal y un chorrito de aceite de oliva. Se puede salsear con el agua-fino de la vaporera.

Versión: si se elimina el cerdo, lo que queda es pura vegafilia. Y riquísima.

POR QUÉ

Hemos reformulado unos guisantes con menta. ¿Defectos a corregir en el acto tradicional? La excesiva cocción, que rompe la delicadeza del fruto y la naturaleza crujiente. El vapor preserva su integridad, ahumada con el fino y su deje salino. Sería *al perfume de*, pero es una de las expresiones más cursis y redichas del mundo. El fino aporta sutileza, unas notas de fondo, como el *lounge,* aliño ambiental.

Cambiamos de registro físico con la butifarra (también admite negra o del *perol*) y el jamón (¡guisantes con jamón!) y, sobre todo, con la menta fresca, un chute de mentol que refresca. Es un contraste sensacional, como si, de repente, el plato fuese otro, como si el cuento tuviese un giro inesperado y resucitador.

#guisantes #vaporera #verde #rapidillo #retromoderno #vino #carne #cerdo

Hemos reformulado unos guisantes con menta.
El vapor preserva su integridad, ahumada con el fino y su deje salino.
Sería *al perfume de*, pero es una de las expresiones
más cursis y redichas del mundo.

'Bacallà sense llauna'

QUÉ

Lomo de bacalao desalado
Pimentón dulce
Ajos
Garbanzos pequeños cocidos
Albahaca
Aceite de oliva virgen extra
Sal

CÓMO

Para los ajos: cortar en láminas y freír. Reservar los crocantes y separar el aceite.

Para el bacalao: cortar el lomo en trozos cuadrados y secar bien. Tacos níveos y carnosos. Untar arriba y abajo, piel-carne blanca, con pimentón dulce, enrojeciéndolo. Si el bacalao tiene su punto —su punto de sal—, no es necesario añadir más. Colocar un papel de horno —recortar cuadrados— en una sartén con un chorrito de aceite. Fuego medio. Depositar el bacalao, por el lado de la piel, sobre el papel. Cuando la parte inferior esté cocinada (el aceite de la hoja crepitará), salpicar con agua los laterales de la sartén, como si estuvieras bendiciendo o celebrando un bautismo. Tapar para que se haga al vapor. Retirar, depositar en una fuente de horno, levantar el papel con cuidado para no arrancar la piel del pescado —¿has manejado sellos?— y meter en el horno precalentado a 50º. Se trata de que repose, no pierda temperatura y suelte agüita.

Para la albahaca: con el túrmix, triturar con aceite. Reservar en un biberón. De no tener, colocar en un bote y usar una cucharilla para salsear.

Para los garbanzos: mezclar con el aceite de albahaca. Sal. Impregnar bien el conjunto.

Para la salsa: mezclar el agüita de bacalao con el aceite de ajos. Meter en un bote con tapa y emulsionar.

Emplatado: a su lado o en la base (si usamos plato hondo), los garbanzos con aceite de albahaca. Encima el bacalao, salsear con la emulsión y dar un toque crocante con las chips de ajo. Si tienes flores de cebollino en la terraza o el jardín, completarás el sabor agreste y embellecerás el tobogán.

POR QUÉ

La cocción de piezas de pescado es engorrosa y frustrante. Aunque la sartén sea antiadherente es posible que pierdas la piel del bicho en ese asfalto y que en el accidente se rompa el cuerpo. La cocción sobre papel de horno permite preservar la estructura, la jugosidad, la gelatina y que no se pegue. Con el agua bendita para levantar vapor, ¡milagro!, no es ni necesario que le des la vuelta. La operación parece compleja, pero es más sencilla que una carrera de cien metros.

El plato es una versión libre del *bacallà a la llauna*, con todos los elementos, bacalao, pimentón dulce, ajos. Y horno, pero sin la lata, *sense llauna*, con menos grasas, eliminando la fritura, la harina y vigilando la cocción. Ligero y saludable, pescado y legumbre y alegría. No, mejor que no corras esos cien metros después de comer. La textura es espectacular, *blandifirme*.

#pescado #bacalao #aromática #especias #horno

El plato es una versión libre del *bacallà a la llauna*,
con todos los elementos, bacalao, pimentón dulce, ajos,
pero sin la lata, *sense llauna*.
La textura es espectacular, *blandifirme*.

Coca de 'sashimi' con escalivada

QUÉ

Lomo de atún
Pimiento rojo
Cabeza de ajos
Berenjena
Cebolla
Rebanada de pan inglés
Trocitos de jamón ibérico de bellota
Grasa de jamón ibérico de bellota
Sal
Aceite de oliva virgen extra

CÓMO

Para los vegetales: escalivar en el horno la berenjena, el pimiento, la cebolla y los ajos envueltos, individualmente, con papel de aluminio. Abrir los regalos, oler la fragancia, sacar la piel y desmenuzar. Soplar los dedos durante la operación: te quemarán. Uy, uf, ay.

Para el pan inglés: estirar las rebanadas con los dedos o el rodillo. Hornear en el grill por las dos caras. Atención porque se carbonizan de inmediato.

Para el lomo de atún: cortar en rectángulos.

Para el jamón: trocear el ibérico y la grasa, mezclar con aceite y meter en el microondas. A mínima potencia para que se cocinen los taquitos y se mezclen las grasas.

Emplatado: partir la coca/rebanada en dos rectángulos. Sobre cada uno de ellos, la escalivada (pimiento, berenjena, ajos, cebolla), sal y chorrito de aceite de oliva. Envolver con el atún, pintado con la grasa aceite-jamón, y aportar un poco de crujiente con los taquitos.

POR QUÉ

La idea es la estratificación. Siempre me han interesado los artefactos que ocultan y retienen (empanadillas, *dim sum*, croquetas) y los que expanden. Este es de los segundos. Todo a la vista, aunque sea con deficiencia arquitectónica. También intenta solucionar un problema común a las cocas y sus primas camorristas, las pizzas: la destrucción de los ingredientes durante el horneado, que convierte lo jugoso en reseco, lo muerto en polvo. El atún ni siquiera está entibiado.

Exaltamos una vez más lo mediterráneo, aunque, como sabemos, la cocina es falsificación y es posible que este atún invernal proceda del Índico y sea *yellowfin*. Nadie es perfecto y, menos, la cocina.

Resulta curiosa la base: pan inglés estirado con el rodillo. La coca más simple que existe. Es también un chiste: un inglés estirado. Cocinado cada elemento por su cuenta y con el remate crudo del túnido, la estructura se mantiene firme y con el gusto intacto. Añadimos el toque japo, que siempre gusta a los parientes, y el rollo cañí con el jamón. ¿Acaso el atún no es el cerdo del mar?

¡A lo mejor incluso es una elaboración cardiosaludable! En todo caso es más sencillo que meter un barquito en una botella de anís del mono.

#pescado #atún #vegetales #horno #asiatiquea #hortaliza

Cocinado cada elemento por su cuenta
y con el remate crudo del túnido,
la estructura se mantiene firme y con el gusto intacto.

Coca de patatas y sardinas

QUÉ

Filetes limpios de sardinas
Patatas
Tomate
Cebolleta
Shiso
Ajedrea
Sal
Pimienta negra
Aceite de oliva virgen extra

CÓMO

Para las sardinas: untar un plato con aceite, colocar los lomos con la piel hacia arriba. *Microondear* unos segundos. Mejor repetir la operación que sobrecocer. No hay que despegar los ojos de la pantalla. Atentos al programa.

Para las patatas: pelar y cocer enteras en agua hirviendo, que no se rompan. Cuando estén frías, cortar a rodajas.

Para los tomates: escaldar y pelar. Si se quiere una operación más sencilla, practicar una cruz en la base, colocar bajo el chorro de agua caliente y despellejarlo entre gritos. Cortar en daditos.

Para las hojas y hierbas: trocear las hojitas de shiso y la ajedrea.

Emplatado: primero, las rodajas de patatas como base de esta coca sin pasta; encima, los lomos, los dados rojos de tomate, la cebolleta cortada, el shiso, la ajedrea, la sal, la pimienta y un chorretón de aceite tornasolado.

POR QUÉ

Este plato es el verano. En mis notas figura agosto como la fecha en que lo abordé. Se sirve frío, reposado, refresca gracias a las hojas de shiso y a la picardía de la ajedrea, que es buena amiga de la aceituna, amargando sin molestar. Sardinas grasas, tomates espléndidos de piel fina e interior lujurioso, a meses luz de esas epidermis de rinoceronte mutadas bajo el invernadero. Pescado azul cocinado al mínimo, una pequeña agitación de moléculas.

El enunciado es tramposo, no hay harina en esta coca, sino patata. Es el amontonamiento, tan de mi gusto, el que define el término.

En boca, al corte, comiendo todas las capas del trío patata-sardina-tomate es Nápoles, es Maó, es Roses, es Dènia. Un mediodía de julio picoteé en el bistronómic Norte, en el Eixample de Barcelona, unas sardinas con patatas y pensé: «Quiero hacer esto.» Un plato de levante en el Norte.

#pescado #sardina #aromática #hortaliza #patata

Este plato se sirve frío, reposado,
refresca gracias a las hojas de shiso
y a la picardía de la ajedrea,
amargando sin molestar.

Atún con fresa

Filetes de atún
Fresas
Piñones
Canónigos
Soja
Jengibre en polvo
Polvo de piel de mandarina
Lima
Aceite de oliva virgen extra
Sal Maldon
Pimienta

CÓMO

Para la marinada: en un bote con tapa, mezclar la soja, el jengibre en polvo, el zumo de una lima, el polvo de la piel de la mandarina, el aceite y un poco de agua. Cerrar y agitar con fuerza —dale, dale— para emulsionar.

Para el atún: en una sartén con una gota de aceite, marcar por ambas caras. Dejar el centro crudo. El aspecto trasversal es de sándwich. Sacar del fuego y sumergir los filetes en la marinada. Dejar reposar 30 minutos. Después, secar y tajar a rectángulos.

Para las fresas: cortar en cuadraditos.

Para los piñones: saltear en el sartén con una gota de aceite.

Para los canónigos: amén. O sea, nada.

Emplatar: disponer el atún, encima y en el centro, como una columna cárdena, las fresas (dar unas vueltas al molinillo de pimienta sobre la fruta y escamar con Maldon). A los lados, los canónigos y los piñones. Salsear con la marinada.

Versión 1: el salmón también puede remontar estar receta, pero al ser menos firme que el atún, el aspecto del tataki, deshilado, lo hace menos apetecible.

Versión 2: si queremos acentuar lo cítrico, podemos rallar la cáscara de la lima sobre los lingotitos.

POR QUÉ

Es un *tataki* al revés. Lo habitual es macerar primero y planchar después. Invirtiendo la operación, la marinada de cítricos sobresale, en lugar de quedar opacada por la agresividad de la sartén ardiente. El cortar bruscamente la cocción preserva la textura. Crudo-no crudo para mentes asustadizas.

El atún y la fresa casan bien: lo ácido, lo dulce, la armonía, complejidad y complemento de los rojos sangrientos. La pimienta intensifica, como un reactivo, el sabor de la fresa. La marinada pertenece al mismo palo estremecedor.

Los piñones y los canónigos cambian la dirección del plato hacia lo crujiente. Pescado y fruta no son una alianza habitual, pero tampoco extraña. Puedo argumentar el mar y montaña pero prefiero un plato viejísimo, de primero de vanguardia, como las sardinas con vinagre de frambuesa, que comí alguna vez en El Túria, junto al mercado de la Boqueria, cuando, en la prehistoria, Ferran Adrià los asesoró.

#rapidillo #asiatiquea #fruta #pescado #atún #fresa #frutoseco

Tacos de pollo con tomate

QUÉ

Muslos de pollo
Tortillas de maíz
Pimienta
Ajos
Cebolla
Romero fresco
Nyora en polvo
Tomate triturado
Aceite de oliva virgen extra

CÓMO

Para los muslos: si están deshuesados evitaréis el trabajillo final, empero el *pollastre* quedará menos jugoso. En una cazuela, dorar los muslos con cuatro o cinco dientes de ajos pelados, salpimentar, retirar cuando estén bruñidos pero con el interior rojizo. En la misma grasa, pochar la cebolla a cuadraditos y sumar a la juerga el tomate, la *nyora* en polvo y los ajos a medio cocinar. Salpimentar. Concentrar el rojo. Colar para evitar tropiezos y tropezones. Deshuesar el pollo y sumergir las tiras en el puré, que habrá vuelto a la cazuela. Cocinar brevemente.

Para las tortillas: con un aro, recortar o jibarizar, hacerlas más pequeñas para comer con una mano. O buscar auténticas tortillas para tacos, lejos de los estantes *tex-mex*.

Emplatado: sobre las obleas, depositar la ofrenda rojiza. Una pizca de romero fresco para contrastar.

Versión: unas hojitas de lechuga aliñada son una agradable alternancia a lo blando.

POR QUÉ

Es un agobio comer los tacos con las dos manos, mientras chorrea el líquido por la manga, o por la comisura de los labios, lo que te obliga a la posición del pato, la cabeza hacia delante. Somos finos y preferimos lo concentrado, la opción del manco, comer con una mano, tal como hacen los mexicanos.

Homenaje a México, relacionando dos de sus iconos mundializados, el tomate y el pimiento. En nuestro caso, la *nyora*, un pimiento arrugado por el exceso de vacaciones en el Mediterráneo.

Pensé en los tacos después de que Albert Adrià me diera a probar unos de conejo con salmorejo en Tickets, ensayo entonces para el mexicano Yauarcan. El entusiasmo me llevó a la cocina y a las tortillas industriales, si bien estas son ecológicas. Intentemos preservar la poca salud que nos queda. Es #kocinaurbana: te hartarás de ver *remix* de las ideas de Albert en miles de tugurios, así que lo mejor es que inventes tu propia mezcla. El taco no es más que un vehículo, un soporte, una alfombra voladora.

#carne #pollo #hortaliza #aromáticas #tomate

Homenaje a México, relacionando dos de sus iconos
mundializados, el tomate y el pimiento.
En nuestro caso, la *nyora*, un pimiento arrugado
por el exceso de vacaciones en el Mediterráneo.

A lo burro

Salchichas de pollo
Tortillas de trigo
Zanahoria
Pimiento verde
Parte verde de la cebolleta
Hojas de espinacas
Mayonesa
Cebollino
Ramitas de tomillo
Hojas de shiso
Albahaca
Aceite de oliva virgen extra
Sal
Pimienta

CÓMO

Para las salchichas: partir por la mitad, abrir, aplastar con la hoja del cuchillo. En el wok, tostar por ambas caras con una gota de aceite.

Para las verduras: cortar la zanahoria en bastoncitos y el pimiento y la cebolleta, a tiras. Saltear con aceite en el wok por este orden, de más a menos grueso: zanahoria, pimiento, cebolleta y hojas de espinacas. Salpimentar.

Para la mayonesa de hierbas: deshojar el tomillo, recortar las puntas del cebollino y trinchar las hojas de shiso y las de albahaca. En un bol, mezclar con la mayonesa.

Emplatado: o *entortillado*. Sobre una tortilla caliente, amontonar los vegetales, encima el pollo y, para amortiguar, la mayonesa de hierbas.

POR QUÉ

La tortilla está enganchada con hilos invisibles a la pizza, la coca, el pan ácimo, el roti, la pita, la arepa. Contenedores, parten del mismo principio práctico y de subsistencia. No requieren ni de vajilla ni de cubiertos.

Este es un burrito, pues cumple con algunas de las condiciones: tortilla de trigo + carne + se enrolla como un cilindro. Un burrito a lo burro, poco refinado.

Desorientado por la compleja y poco clara literatura tortillera, pido ayuda al escritor mexicano Juan Villoro, que se aviene a prestarme un diccionario de urgencia:

Burrito: enrollado de tortilla de harina (es decir, de trigo). El clásico es de machaca (carne seca deshebrada). Es una especialidad del norte del país, heredada de los vaqueros que llevaban carne seca en las alforjas de sus caballos.

Taco: enrollado de tortilla de maíz. En la cocina mexicana, la tortilla sustituye a la cuchara, de modo que un taco puede ser de cualquier cosa. El más modesto contiene aire.

Fajita: Especialidad norteña que ya rebasó la frontera de México. Es de tortilla de harina. Es un enrollado muy estricto, que debe estar bien apretado. Los puristas lo prefieren con machaca, pero las fronteras son porosas y los chinos del desierto mexicano favorecen las fajitas de *chop-suey*. La fajita tradicional va frita; el burrito, no.

Wrap: La cultura tex-mex ha creado un tercer país entre México y Estados Unidos donde una gran tortilla de trigo envuelve lo que le pongan en medio. Se aconseja como plato único o para compartir.

Quesadilla: tortilla doblada (de maíz o trigo) que, en su origen mítico, contenía queso. Ahora puede llevar cualquier cosa, de champiñones a flor de calabaza sin que el queso sea obligatorio. Para que se cumpla el precepto original hay que pedir una redundante «quesadilla de queso».

#wok #rapidillo #carne #pollo #hortaliza #aromáticas

Al loro

QUÉ

«Lloritos»
Harina de tempura
Curry en polvo
Lima
Huevos
Sal Maldon
Sal fina

CÓMO

Para la mayonesa de lima: en el vaso de la batidora, un huevo, aceite, sal, zumo de lima. Emulsionar con ganas.

Para la mayonesa de curry: en el vaso de la batidora, un huevo, aceite, sal, curry. Emulsionar aún con más ganas.

Para los *lloritos*: rebozar con harina de tempura, como si fuera una geisha. Freír en pequeñas cantidades en aceite hirviendo. Desengrasar sobre papel de cocina.

Emplatado: sobre la fritura, la sal Maldon. Para completar el escudo nobiliario, mancha de mayonesa de curry, mancha de mayonesa de lima.

Versión: los pequeños salmonetes también son amigos de esta receta con salsa binaria.

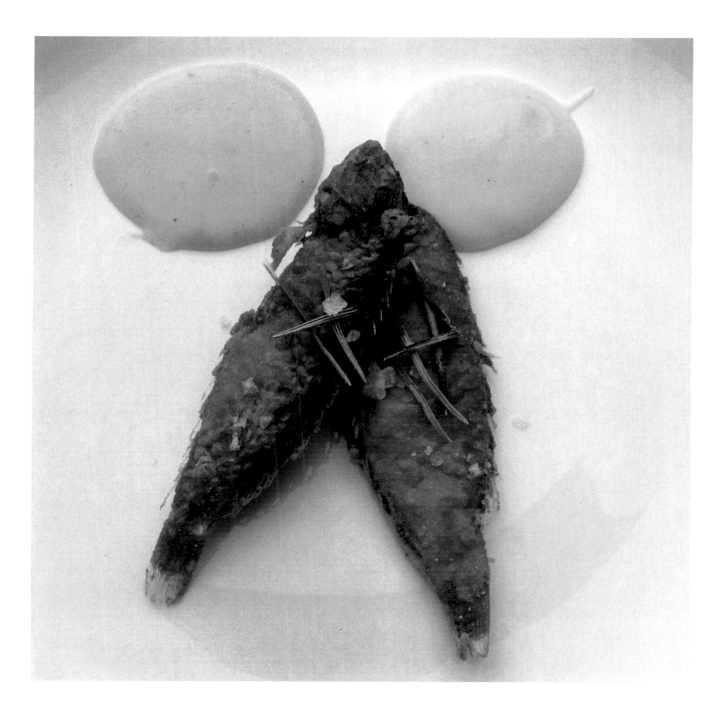

POR QUÉ

Como tantos otros, descubrí los *lloritos* (*xyrichthys novacula*, también conocidos como *raor* o *galán*) gracias a Carme Ruscalleda, que le da honores de *rock & roll star* en la carta de verano. Ella les levanta las escamas y el resultado tras la fritura es espectacular, erizado y crujiente. Esta receta busca lo plano, aunque no de sabor.

Una ligera capa de harina de tempura —usada directamente, no como parte de la pasta de rebozar— para vestir al Elvis del Mediterráneo. Y dos salsas, una mayonesa de curry y otra de lima, en ambas, la luz del estío, amarillo-limón, que también son colores del *llorito* en la piel tornasolada.

En la foto, sobre el pescadito cabezón, unas ramitas de hierba curry. Es un adorno con truco: sabe amargo pero huele como la compleja mezcla de especias. Vale la pena tenerla plantada en el jardín o en la terraza, pasar la palma por las ramas, olerla y querer comprar una alfombra.

#pescado #llorito #aromática #cítrico #asiatiquea #túrmix

Esta receta busca lo plano, aunque no de sabor.
Una ligera capa de harina de tempura
para vestir al Elvis del Mediterráneo.

Calamares a la japonesa

QUÉ

Anillas de calamar
Panko
Harina
Huevo
Aceite de oliva virgen extra
Lima
Sal

CÓMO

Para los calamares: pasar las anillas de calamar, compromiso nupcial para dedos de gigantes, por harina, huevo batido y *panko*, en este orden. Freír en aceite caliente. Desengrasar sobre papel de cocina. Salar.

Para el resto de calamares: saltear con un poco de aceite. Salar.

Para la mayonesa de lima: con el túrmix, emulsionar un huevo, zumo de lima y aceite de oliva.

Emplatado: disponer estos señores anillos con majestad, escoltados por el calamar sin vestir y la mayonesa. Rallar lima.

POR QUÉ

De los calamares a la romana a los calamares a la japonesa. En Roma nunca sirvieron estos calamares, tampoco estos otros en Tokio. He preguntado al estudioso gastronómico Marco Bolasco, romano, que me manda un *e-mail* contundente: «Por lo que conozco no es una receta romana ni italiana. Es una denominación que he encontrado exclusivamente en España.» Así que estamos legitimados para inventarnos —con sentido común— lo que nos dé la gana. Esos calamares gigantes que pescan en aguas japonesas podrían dar anillos muy disputados en Mordor.

Buscamos un crujir más intenso con el *panko* y el contraste fresco de la mayonesa alimonada. Es una alteración jubilosa de lo tradicional, que demasiadas veces deriva en masa aceitosa que deja el buche del comensal pringoso como un cárter averiado.

#retromoderno #asiatiquea #calamar #túrmix #rallador #cítrico

De los calamares a la romana a los calamares a la japonesa.
Buscamos un crujir más intenso con el *panko*
y el contraste fresco de la mayonesa alimonada.
Una alteración jubilosa de lo tradicional.

Doblado de ajo y brie

QUÉ

Pasta de canelón
Ajos
Brie
Huevo
Sal
Aceite de oliva virgen extra

CÓMO

Para las chips de ajo: cortar los dientes de ajo en láminas. Freír lentamente en aceite. Cuidado que se queman cuando apartas los ojos de la sartén. Desengrasar las chips. Dejar que se enfríe el aceite.

Para el ajo: sacar el nervio central y blanquear el diente tres veces en agua hirviendo. Es como ir al dentista para una limpieza.

Para el canelón: hervir las placas en abundante agua con sal y un casi-nada de aceite.

Para el brie: sacar la corteza, dejar a temperatura ambiente para que se reblandezca. Si es necesario, dar un golpe de microondas.

Para la crema: añadir un huevo al aceite (frío) de las chips, la sal, el ajo blanqueado (o los ajos) e ir triturando con el túrmix mientras vertimos un hilillo de aceite de oliva. Que quede cremoso.

Emplatado: disponer una placa como una alfombra, en un extremo el queso, doblar sobre sí misma, napar con la crema de ajo y señalar el montículo con las chips de liliácea.

POR QUÉ

Homenaje al ajo. Doblado por la forma y porque *doblamos* la dosis. No estaría mal multiplicar al protagonista y servir la ración con una flor de ajo (¡qué maravilla!), hojas de ajo de oso y cebollino.

Explosión *ajonuclear* en la boca, aunque he sido prudente y ningún diente es de leche o está crudo. Blanqueados o fritos. El brie es como los muelles de las camas: un amortiguador para el revolcón de los bulbos.

#pasta #canelón #hortaliza #lácteo #túrmix

Homenaje al ajo. Doblado por la forma
y porque *doblamos* la dosis.

'Mongeta del ganxet' con mejorana

QUÉ

Mongeta (judía) *del ganxet* cocinada
Cebolleta
Almejas majas
Mejorana seca
Agua
Aceite de oliva virgen extra

CÓMO

Para las almejas: abrir las almejas (limpias de arena) con un poco de agua en una olla tapada. Al primer hervor, cuando dejen ver sus tímidas carnes, apagar el fuego. Colar el líquido con una malla pequeña para separar la suciedad. Dejar los cuerpecillos limpios, sin las cáscaras.

Para el guiso: cortar la cebolleta y sofreír. Cuando esté hecha, invitar a la fiesta a la mongeta, mezclar con cuidado, sin romper las cápsulas mantecosas. Por último, el confeti de la mejorana, celebrando, con ganas. Dar unas vueltas con la cuchara de madera, con de-li-ca-de-za. Mojar con el caldo de las almejas y, si es insuficiente, un poooo-co de agua. Dejar reducir y concentrar, que quede acuoso, no seco. Antes de servir, que las almejas se den un chapuzón.

Emplatado: un guiso que merece la hondura de un plato alto.

POR QUÉ

Recurro algunas veces a la mejorana y siempre me asombro de lo bien que funciona con la *mongeta del ganxet*, una legumbre extraordinaria, riñones en miniatura que se deshacen en el paladar. Qué raro que ningún cursi lo haya descrito como caviar vegetal. Ofrezco aquí la oportunidad.

Fue a Paco Guzmán, precursor de la #kocinaurbana barcelonesa en el remoto año de 1998, chef del desaparecido Santa María, al que le copié el tándem mejorana-*mongeta*, aromática-legumbre.

La almeja fue un capricho de sábado pensando en las *fabes* con almeja. La *mongeta* la hermana menor y coquetona de la giganta asturiana.

#legumbre #mongeta #rapidillo #almeja #molusco #aromática

La *mongeta del ganxet*,
una legumbre extraordinaria,
riñones en miniatura
que se deshacen en el paladar.

Cuadrado y rectángulo de salmón

Lomo de salmón
Pipas peladas
Limón
Planchas de alga nori
Jang
Mayonesa de bote
Wasabi
Sal Maldon
Pimienta negra

Para el salmón: descongelar el salmón. Con unas pinzas y actitud entre cirujano y relojero, sacar las espinas. Arrancar la piel. Con un cuchillo y cara de malo, cortar en pedacitos, *tartarizar*. En un recipiente amplio, rociar con el *jang*. No salar. Rallar la piel del limón.

Para el *sashimi* de salmón: aprovechar la pieza semicongelada para cortar unas lascas.

Para las pipas: tostar en una sartén con unas gotas de aceite.

Para la mayonesa de *wasabi*: mezclar la mayonesa con la pasta de dientes verdosa, también conocida como wasabi industrial.

Para el sándwich de nori:

cortar en rectángulos y tostar en una sartén engrasada. Cuidado que se quema enseguida. No solo amarga: es la amargura de volver a comenzar. Embadurnar las lascas de salmón con la mayonesa de *wasabi* y meter entre dos pedazos de nori crujiente. Romper el verde brillante con un punto amarillo de salsa picante.

Emplatado:

llenar la mitad de un molde cuadrado con el *tartar*. Encima las pipas tostadas, la sal Maldon y un ¡atchum! de pimienta. Delante, el sándwich de nori, que podemos cortar en dos para facilitar la ingestión. Comer de inmediato porque se reblandece.

POR QUÉ

Los juegos geométricos son bellos. Dos figuras y dos cortes del mismo producto, en *tartar* y en *sashimi*. El *jang* coreano de la casa Sempio es más suave que la soja japonesa o china: de no disponer de ese líquido, optar por lo segundo sin problemas, aunque en menor cantidad. El limón —ecológico, pues solo usamos la piel y tiene que estar limpia de pesticidas, ceras y otros repugnantes afeites— es esa música de fondo que nos pone contentos. Las pipas salteadas y las planchas de nori son los amigos crujientes del dúo blandito y anaranjado.

Partidarios de los bocadillos, este no tiene miga, solo corteza. Si quieres un verde terrenal, compleméntalo con unas hojitas de lechuga.

#pescado #salmón #asiatiquea #frutoseco #cítrico

Las pipas salteadas y las planchas de nori
son los amigos crujientes
del dúo blandito y anaranjado.

Pulpo de fiesta

QUÉ

Pulpo cocido
Pimentón de La Vera
Pimienta negra
Aceite de oliva virgen extra
Patatas
Mantequilla
Sal

CÓMO

Para las patatas: pelar y cortar en trozos. Hervir agua en un cazo, añadir las patatas cortadas. Cuando estén hechas, sacar los trozos y depositar en el vaso del túrmix. Espolvorear con sal, pimienta, dejar que resbalen trozos de mantequilla y aceite de oliva. Triturar. Si es necesario, añadir agua de la cocción. El resultado tiene que ser untuoso, que se quede pegado al dedo, irresistible al chuparlo.

Para el pulpo: comprar un pulpo ya cocido. Cortar para que queden tentáculos enteros con la correspondiente porción de cuerpo. Con un poco de aceite, ir rustiendo en una cazuela, rescatando los jugos del fondo con el agua de cocer las patatas, que irá aportando trocitos del tubérculo, lo que ligará la salsa. Salpimentar (salar con cuidado porque ya fue cocido con cloruro sódico). Remover con delicadeza para no romper los tentáculos. Mojar, concentrar: ir repitiendo la operación hasta que las patitas estén tiernas. Con el último sorbo húmedo, añadir el pimentón de La Vera, evitando así que se queme.

Emplatado: un manchurrón de puré cremoso, acostar el pulpo con gracia de maja desnuda y salsear.

POR QUÉ

Hay muchas versiones del pulpo a *feira*. Esta es otra. Demasiadas veces los ortodoxos jalean la pureza de un plato cuando el octópodo es de procedencia africana y la madera sobre la que lo depositan, cortado en monedas, es más insalubre que la pata de palo de un pirata.

Por servir a una discutible tradición han traicionado el platillo: no sabe más que a rancio. Intentando devolver la grandeza al amigo del capitán Nemo, lo acompañamos con un puré de patatas de almirante, graso, sabroso, más elástico que una gimnasta olímpica.

El pimentón caducado de los baruchos encuentra alternativa en el humo de la especia roja de La Vega. Sin mutilar el tentáculo, lo exponemos con respeto, largo y henchido de ventosas. Pulpo festivo, endomingado, que nos da la patita para saludar.

#pulpo #túrmix #especias #retromoderno #patata

Hay muchas versiones del pulpo a *feira*. Esta es otra.
Demasiadas veces los ortodoxos jalean la pureza de un plato
cuando el octópodo es de procedencia africana
y la madera sobre la que lo depositan es
más insalubre que la pata de palo de un pirata.

'Vulgogi'

Bistecs de ternera (babilla/cadera)
Jang
Lechuga
Ajo en polvo
Pimienta negra
Agua
Azúcar moreno
Queso cremoso (Philadelphia)
Hierbas mediterráneas secas
Arroz largo y cocido (producto envasado)
Sésamo blanco
Sésamo negro
Aceite de oliva virgen extra

Para la carne: cortar la ternera en tiras. Macerar durante un par de horas con el *jang* (o soja como alternativa), el ajo en polvo, el agua (para completar la mezcla y evitar el exceso de soja y su arrasador toque salobre), la pimienta negra molida, el sésamo negro y un par de cucharaditas de azúcar moreno. Sin sal. Pasado el tiempo, colar el líquido. Saltear la ternera en el wok engrasado. Tandas con poca carne y a buena velocidad: apartaos, muñecas perezosas. Aparte, reducir la salsa.

Para el queso: calentar un poco en el microondas para reblandecerlo. Mezclar con aceite y las hierbas secas.

Para la lechuga: cortar y reservar hojas envolventes.

Para el arroz: calentar en el microondas según la recomendación del fabricante. Mezclar con aceite, sésamo blanco y sésamo negro.

Emplatado: con un aro, montar el arroz. Sobre una lechuga, unas tiras de carne, una cucharada de salsa y otra de queso. Ordenamos la gramínea para desordenarla porque hay que completar la hoja con el arroz. Comer con los dedos sin remilgos, con espíritu campestre.

POR QUÉ

Es un *bulgogi free*, una versión libre del plato coreano, de ahí que lo haya titulado con una falta de ortografía, *vulgogi*. Es como si adquirieras un producto Vulgari en lugar de Bulgari. Sí, en este caso, con *b* o con *v* es vulgar, de ricachos sin gusto.

Las maceraciones son atractivas porque reblandecen la carne y la dotan de un sabor no agresivo, complementario. El Philadelphia mediterraneizado con las hierbas añade jugosidad, que necesitamos para contrarrestar el *crunch* de la lechuga y el arroz, penetrado y alterado con esos *granos* de sésamo bicolor.

Comer con los dedos, enguarrándonos, fabricando el artefacto que explotará en la boca. Comida sencilla y completa, *fast food* de calidad. Ojalá sirvieran esto en los McHambre.

#wok #microondas #carne #ternera #lácteo #asiatiquea #arroz #verde #molde

Las maceraciones son atractivas
porque reblandecen la carne
y la dotan de un sabor no agresivo,
complementario.

Pasta 'casarecce' con magret de pato y quicos

QUÉ

Magret de pato
Pasta *casarecce*
Polvo de *ceps*
Sal gruesa
Azúcar moreno
Tomate
Cebolleta
Quicos
Cebollino
Hojas frescas de orégano
Sal
Aceite de oliva virgen extra

CÓMO

Para el magret: en un recipiente, hacer una cama con la sal gruesa y el azúcar (al 50 %) y ponerlo a dormir 24 horas cubierto con la misma proporción. Limpiar bajo el chorro de agua fría y secar. Cortar la piel, sin tocar la carne, dibujando celdillas con el cuchillo. ¡Artista! En una sartén sin aceite, marcar con la piel hacia abajo hasta que esté churruscada. Dejará más grasa que el tupé de un cantante de country: retirar un poco si es necesario. Hacer brevemente por el otro lado. Desengrasar sobre papel de cocina. Este pato no parpará o graznará más. Filetear.

Para el polvo de *ceps*: triturar *ceps* secos con el 123.

Para la pasta: hervir la *casarecce* en abundante agua, sal y un poco de aceite. Reservar agua de la cocción.

Para el sofrito: freír la cebolleta cortada en trocitos, añadir un par de cucharadas de tomate, reducir. Mojar con un poco de agua de cocción de la *casarecce*. Salsear la pasta. Rectificar de sal. Tararear *Light my fire*, de The Doors.

Para los quicos: triturar. El mortero es excelente para esa demolición.

Emplatado: la pasta como fondo espolvoreada con los *ceps*. Encima el magret, con la correspondiente ración de quicos. En todas partes, cebollino a pedacitos y orégano fresco.

POR QUÉ

Trocitos, trituraditos. Los diminutivos no mejoran un plato. Pero aquí están: la cocina es de grandezas y menudencias.

Alimentamos el pato con quicos y lo levantamos sobre la pasta acanalada. Este magret curado en casa no necesita del acompañamiento, existe por sí mismo, de sonrosado y orgulloso pecho. Pero la *casarecce* lo completa, dándole sentido y colchón. El polvo de *ceps* es un acento, un acentuador, una cierta sugerencia de aire libre. Distintas capas de sabor, pero todas con personalidad. El conjunto levanta el vuelo con armonía, o eso espero. ¿Por qué Simenon bautizó a su personaje como Maigret y no como comisario Magret, fino *gourmet*?

#carne #pato #pasta #setas #aromática #123 #mortero

Alimentamos el pato con quicos
y lo levantamos sobre la pasta acanalada.
Este magret curado en casa no necesita del acompañamiento.
Pero la *casarecce* lo completa, dándole sentido y colchón.

Butifarra de pato Pekín

QUÉ

Magret de pato
Salsa *hoisin*
Huevo
Pimienta negra
Aceite de oliva virgen extra
Sal
Judías del *ganxet*
Aceite de sésamo
Cebolleta

CÓMO

Para la butifarra de magret: separar y reservar la piel. Cortar la carne a trozos y triturar con la picadora. En un recipiente ancho, mezclar la carne con la sal (poca), la pimienta y dos o tres cucharadas de salsa *hoisin*. Trabajar bien y añadir el huevo. El color rojizo de la carne semeja arcilla y resbala como un jugador de rugby una tarde lluviosa y embarrada. Modelar butifarritas. Envolver con papel film, hacer paquetitos y apretar por los extremos. Meter en la vaporera. Cuando sean consistentes, sacar de la sauna. Desempaquetar y que el ánade *abutifarrado* vuele. Antes del servicio, pasar por la sartén con una gota de aceite buscando un poco de *maillard*, una breve costra.

Para la cebolleta: cortar en tiras y ablandar y desbravar en la vaporera.

Para la piel: practicar cortes verticales y transversales. Tostar en la sartén, piel cuarteada hacia abajo, sin aceite. Es espectacular la grasa que suelta. Desengrasar sobre papel de cocina.

Para la salsa de legumbres: triturar las judías con un poco del agua de hervir (si son de bote, añadir un poco de agua mineral) y un toque de aceite de sésamo (sin abusar, es muy dominante, latigazo). Si quedan grumos, colar.

Emplatado: disponer en el centro del plato un círculo de salsa de judías blancas. A un lado, las cebolletas. En el otro, escoltado, una tira de piel frita. En el centro, las butifarritas de pato Pekín.

Versión: puedes sustituir el pato por pechuga de pollo. Entonces sería pollo Pekín. Aunque sin piel.

POR QUÉ

No me apetece inflar un pato por el culo como si fuera un balón y mi horno no se asemeja a uno de esos artilugios donde secan y lacan, como si fuera una peluquería ánade, a miles de aves en los Chinatown del planeta. Pero me gusta mucho el pato Pekín, de manera que diseñé una manera sencilla y *kasera* de elaborarlo.

He sustituido la oblea por otro blanco, el de las judías del *ganxet,* con el añadido del aceite de sésamo para reforzar la idea del tostado. Levantamos el pato sobre esa diana, que también aporta humedad al *cuac.*

Reparé en las butifarritas gracias a la pista de Carme Ruscalleda, que preparó para la revista *Dominical* unos mini bocadillos de butifarra vegetal y cárnica. Carme tiene ideas con fosforescentes que ha ido escribiendo en recetarios y que podrían ser el corpus de un extraordinario restaurante de alta cocina popular.

La salsa *hoisin*, integrada en la carne, marca el tono y la piel crujiente llena la boca de ideogramas.

#retromoderno #vaporera #123 #túrmix #carne #pato #legumbre #asiatiquea

Macarrones con pesto de pistacho

QUÉ

Macarrones
Ajos
Albahaca fresca
Parmesano rallado
Pistachos pelados
Aceite de oliva virgen extra
Sal

CÓMO

Para los macarrones: hervir con abundante agua, sal y un poco de aceite. Reservar agua de la cocción.

Para los ajos: pelar, quitar el germen, y blanquear en agua hirviendo.

Para la salsa: en un recipiente alto, mezcla las hojas de albahaca, los ajos blanqueados, el parmesano rallado, los pistachos, un poco de aceite de oliva, sal y el agua de hervir la pasta (con mesura). Triturar con el túrmix. Ir añadiendo el líquido de cocción para aligerar el engrudo.

Para la mezcla: una vez colados los macarrones, devolver al recipiente de cocción, aún caliente. Impregnar bien con la salsa.

Versión: *el pesto a la genovesa lleva piñones, que hemos sustituido por pistachos. Podrían haber sido nueces, almendras o avellanas.*

POR QUÉ

Cada vez que pido pesto, temo un orinal de aceite que me obliga a movimientos antipáticos —como levantar el plato con el cuchillo para decantar la grasa—, me babea el exceso por el mentón o peligra la camisa por condecoraciones indeseadas. De ahí que en esta receta haya sustituido la mayor parte del aceite por el agua de la cocción.

Los ajos han sido blanqueados para evitar el *efecto ascensor*: que vayan subiendo durante horas por el esófago.

Receta refinada, con el pistacho oriental y califal, desengrasada y con el ajo domesticado. Podrás besar a quien quieras, o a quien quiera ser besado. Lo que hagáis después ya no es asunto nuestro. Al menos, no te sentirás pesado, o pesada.

#pasta #aromáticas #túrmix #lácteo #frutoseco

Receta refinada, con el pistacho oriental y califal,
desengrasada y con el ajo domesticado.
Podrás besar a quien quieras,
o a quien quiera ser besado.

Solomillo rapidillo al vino tinto

QUÉ

Solomillo de cerdo ibérico
Vino tinto
Mostaza
Harina
Mejorana seca
Patatas
Sal
Pimienta negra
Aceite de oliva virgen extra
Agua

CÓMO

Para la patata: pelar, cortar en bastoncitos y freír.

Para la mostaza: diluir dos o tres cucharadas de mostaza en un vaso grande de agua caliente.

Para el solomillo: enharinar, salpimentar, freír dentro de la olla exprés. Invitar al agua con mostaza y a la copa de vino. Lluvia seca de mejorana. Cerrar la olla y cuando empiece a silbar, cocinar durante diez minutos. Dejar salir el vapor, abrir la escafandra. En una cazuela, reducir la salsa pecaminosa. Cortar el filetito en medallones, condecoraciones bonitas.

Emplatado: pasear las medallas hasta el plato, salsear y poner firmes a las patatas fritas.

POR QUÉ

Después del ver el uso que daba Falsarius Chef a la olla exprés para ablandar solomillos (*Grandes éxitos de la cocina para impostores*), quise probar. El resultado es este preparado para adultos, con mostaza y vino.

La olla permite acortar tiempo, que podemos emplear para otras actividades *kaseras*, como hacer tatuajes. En solo diez minutitos —ah, qué rabia da el diminutivo—, el vino habrá abrazado la carne, convenciéndola. Mojar patatas crujientes en esa salsa es un ejercicio de responsabilidad: si no lo haces, mereces que te den un capón.

#rapidillo #cerdo #carne #patata #aromáticas #vino #ollaexprés

En solo diez minutitos
el vino habrá abrazado la carne, convenciéndola.
Mojar patatas crujientes en esa salsa
es un ejercicio de responsabilidad.

Pollo limonero

Pechuga de pollo
Limón
Vinagre de Jerez
Tomillo limonero
Aceite de oliva virgen extra
Sal
Pimienta negra
Cebolleta
Hojas de espinacas

CÓMO

Para la carne: cortar en trozos y macerar durante 6-8 horas con el jugo del limón, aceite, sal, pimienta negra molida, vinagre de Jerez (muy poco), cebolla y tomillo limonero. Pasado el tiempo, separar líquido de sólido. Saltear la carne en una sartén con un poco de aceite, reservar en lugar caliente. Reducir la salsa. Añadir el jugo de la pechuga reposada. Si no espesa, ir añadiendo con prudencia Maizena disuelta en agua.

Para la cebolleta: cortar en juliana y macerar el mismo tiempo en la misma salsa.

Para las espinacas: aliñar con aceite y sal.

Emplatado: alternar capas de pollo, espinacas y cebolleta alimonada. Salsear. Rallar la piel del limón y verdear con unas hojitas frescas de tomillo limonero.

POR QUÉ

«Ve hacia la luz, Caroline.» No es *Poltergeist,* sino el espíritu del plato: recoger un poco de luz. Limón, zumo y piel; tomillo limonero y vinagre de Jerez. Acideces. Otra maceración para someter a lo carnal. El tomillo limonero es alucinante: ¿cómo puede existir tanto sabor en porciones diminutas? Es muy recomendable cuidar un tiesto en el balcón e ir deshojando la planta. Revitaliza untarse las palmas de las manos con las ramitas y oler.

Las espinacas frescas y las cebolletas son desengrasantes que facilitan el pase hacia la pechuga. El pase de pecho.

#carne #pollo #verde #cítrico #aromáticas #rallador

Limón, zumo y piel; tomillo limonero
y vinagre de Jerez. Acideces.
Otra maceración para someter a lo carnal.

Ravioli al revés

QUÉ

Solomillo de cerdo ibérico
Sal gruesa
Sal fina
Aceite de oliva virgen extra
Pasta de canelón
Tomate triturado
Hojas frescas de orégano
Cebolla
Parmesano

CÓMO

Para la carne: pulir, eliminar grasilla, dejar reposar el solomillo durante dos horas cubierto con sal gruesa. Limpiar. Cortar en lonchas. Colocar la loncha entre dos silpats (o papel film, de no disponer de las planchas de silicona). Pasar un rodillo por encima y aplastar. Si tampoco tienes rodillo (tienes los armarios más vacíos que un estudiante universitario), estira con las manos.

Para la pasta: hervir los canelones con agua y sal. Enfriar y cortar en cuadraditos.

Para la cebolla: pochar durante largo rato hasta que oscurezca (la cebolla, no el día). Comenzar con un poco de aceite e ir refrescando con agua. No olvides la sal.

Para la salsa: cortar en pedacitos las hojas de orégano, sofreír el tomate, invitar a la cebolla y a la pasta diminuta. Salar. Espesar.

Emplatado: sobre cada loncha de solomillo, salsa. Doblar sobre sí misma. Un chorrito de aceite para abrillantar. Encima, como la capa de un superhéroe, el parmesano. Si te gusta más a pedazos, pues a pedazos. Tres puntos de salsa ayudarán al unte.

POR QUÉ

Lo de dentro fuera y lo de fuera dentro. La carne en el exterior y la pasta, en el interior. Sorpresa y diversión: ¿acaso no es una misión de la cocina recreativa? El sabor es el mismo pero ahorramos kilos de aditivos porque es una preparación #kasera. ¿Te has entretenido en leer los ingredientes de una pasta rellena industrial? Te sangrarán las encías por el susto.

Hemos desbravado la crudeza del ibérico con la sal (así que retira las manos del salero tentador) y aplastado para que sea agradable de comer. Entiendo que a los moderadamente carnívoros les dé asco ese color vivo pero es lo que atrae, la frescura y limpieza del corte. En boca te sorprenderá porque es refinado: tiene más que ver con la nobleza florentina que con el *australopithecus* en la sabana.

#carne #cerdo #crudo #pasta #canelón #aromáticas #lácteo

Lo de dentro fuera y lo de fuera dentro.
La carne en el exterior y la pasta, en el interior.
Sorpresa y diversión.

'Tataki' de ternera con dos mojos

QUÉ

Entrecot de ternera
Pimienta
Sal
Tomate
Pimiento verde
Pimiento rojo
Ajos
Perejil
Aceite picante
Aceite de oliva extra virgen

CÓMO

Para el entrecot: pasar por la plancha, por el planchista, por las dos caras. Dejar el interior crudo. Refrescar en agua con hielo. Secar. Filetear y salpimentar. Preparado para la carrera.

Para el mojo verde: envolver un pimiento verde con papel de aluminio. Hornear. Cuando esté hecho separar la carne de la piel. Realizar la misma operación con los ajos. Con buena muñeca, trinchar el perejil. Mezclar todo en el mortero y con el mazo, hacer una pasta. Aliñar con aceite, pimienta negra y sal.

Para el mojo rojo: envolver tomate con papel de aluminio y envolver también en brillos, el pimiento rojo. Hornear. Cuando estén hechos, separar las carnes de la piel. Realizar la misma operación con los ajos. Mezclar todo en el mortero y con el mazo, hacer una pasta. Aliñar con aceite picante y sal.

Emplatado: colocar el filete como si fueran vallas de salto de obstáculos y, como montículos, los dos mojos. Y a mojar.

POR QUÉ

Para este plato, necesitamos tecnología punta: un mortero. Hace miles de años que los humanos le dan al cacharro, así que con ese acto tan simple estamos conectando con nuestros ancestros, ¿estás ahí, tatatatatatarabuelo? Aunque cada vez se maja menos a mano bajo el Imperio de la Thermomix. Durante la Década Loca, algunos reservaron las muñecas para los relojes caros y ahora hay que volver a darle a lo manual, a los trabajos básicos y necesarios.

La etimología dice que mojo o moje derivan del latín vulgar *molliare*, reblandecer, humedecer, mojar. Salvo así el bochorno de vincular estas agüillas a los mojos canarios. El aceite picante que uso es casero, una mezcla de guindillas. Fabrica tu propio cóctel molotov. Pasar del rojo al verde o viceversa, apretar con la carne este botón o el otro, explota o refréscate.

#carne #ternera #hortaliza #mortero

Para este plato, necesitamos tecnología punta:
un mortero.

Salmón mediterráneo

QUÉ

Lomo de salmón
Sal gruesa
Azúcar moreno
Especias mediterráneas secas (tomillo, menta, romero, laurel, salvia)
Aceite de oliva virgen extra

CÓMO

Para el salmón: despellejar el lomo y sacar las espinas. En un túper, hacer una cama de sal (60%) y azúcar (40%), depositar el cuerpo del faraón, arropar o amortajar con la mezcla de especias y cubrir con la misma proporción salado-dulce. Tapar y dejar reposar en la nevera entre 12 y 24 horas, dependiendo del tamaño de la pieza. Pasado el tiempo del embalsamamiento, limpiar bajo el grifo, secar bien, untar con aceite, espolvorear de nuevo la mezcla de especias mediterráneas. Aguanta varios días en la nevera envuelto en un trapo o con papel de cocina.

Emplatado: enmaderado. Sobre una tabla, pasear al espléndido faraón resucitado. Cortar en filetitos.

POR QUÉ

Las versiones de este salmón son muchas. Una semiconserva casera, lomo osmotizado. La novedad es liberarlo del yugo del eneldo y proponer una compañía mediterránea. El nórdico de vacaciones junto al mar cálido. En tostadita, sobre ensalada, como capita de *nigiri*. Lo importante es que el salmón sea fresco, a poder ser, salvaje. No quisiéramos que relinchara por culpa de los piensos de la piscifactoría.

#pescado #salmón #aromáticas #crudo

Las versiones de este salmón son muchas.
La novedad es liberarlo del yugo del eneldo
y proponer una compañía mediterránea.
El nórdico de vacaciones junto al mar cálido.

Wontonfarra

Pasta de *wonton*
Butifarra de cerdo
Colas de gambones
Ají panca en polvo
Cilantro
Ajo en polvo
Sésamo negro
Sal
Juego de pimientas (blanca, negra, rosa, verde).
Lima
Kétchup picante
Mayonesa
Pimentón de La Vera

Para el relleno del *wonton*: deshacer la butifarra y mezclar con el ají panca en polvo, el cilantro troceado, el ajo en polvo, el sésamo negro, la sal, un chorretón de lima y el juego de pimientas. Pelar las colas de los gambones y partirlas en dos trozos. Stop los del cuchillo nervioso: no hay que pulverizarlas. Mezclar la carne con los gambones, colocar sobre la pasta de *wonton* y fabricar primorosos paquetitos, apretando la parte superior con los dedos.

Para la cocción: meter los paquetitos en la vaporera sobre unas hojas de lechuga para que no se enganchen.

Para la salsa: mezclar el kétchup picante, la mayonesa y el pimentón de La Vera.

Emplatado: colocar el filete como si fueran vallas de salto de obstáculos y, como montículos, los dos mojos. Y a mojar.

POR QUÉ

La familia de los encerraditos asiáticos es larga y confusa, hay hermanos, primos hermanos y primos segundos: *momo*, *dim sum*, *wonton*, *gyoza*, *dumpling*, *jaozi*, *shumai*. Me ha agradado siempre lo oculto y concentrado, saber que de un solo mordisco te zampas el plato entero. Es la teoría del fractal: una parte es el todo. ¿Acaso no es lo más cerca que hemos estado del sueño espacial y la pastilla de los astronautas? Pero en la versión rica y jugosa.

Me disgusta del *wonton* la indefinición del sabor: el básico cantonés lleva cerdo y gamba, pero no hay manera de encontrar la una ni la otra, sobre todo el crustáceo, perdido en la masa cárnica.

Cortando el gambón —dejemos a la Señora Gamba para otros preparados en los que luzca— en dos trozos, asoma un pedazo completo al morder. Aproximándolo a nuestro mundo, es un ravioli de mar y montaña, local y butifarrero.

A favor del sincretismo gastro, damos ese puntito peruano con el ají panca y el cilantro. El discurso viaja ya hacia la chifa, la mezcla de Perú y China.

#asiatiquea #rapidillo #cerdo #crustáceo #marisco #gambón #vaporera #especias

Cortando el gambón en dos trozos,
asoma un pedazo completo al morder.
Aproximándolo a nuestro mundo,
es un ravioli de mar y montaña, local y butifarrero.

Rosbif bravo

Culata de ternera
Pimienta negra
Sal fina
Sal Maldon
Patatas
Mayonesa
Salsa de tomate
Tabasco
Mostaza
Miel
Aceite de oliva virgen extra

Para la carne: pedir al carnicero o carnicera una culata bridada, preparada para hornear o montar. ¡Yi-ha! Salpimentar con alegría. En una sartén, marcar todas las caras con un chispazo de aceite, que el paquete postal quede a punto para mandar al horno en una fuente (a 160º, arriba y abajo). Por cada 500 g de carne, 20 minutos.

Para la salsa: mezclar la mostaza con la miel. Si queda espesa, se puede añadir aceite.

Para las patatas bravas: con piel y envueltas en papel de aluminio. Hornear hasta que estén tiernas. Pelar las dos pieles, la natural y la metálica. Cortar las patatas a cuartos. Mezclar la mayonesa, la salsa de tomate y unas gotas de tabasco (o un chorro, depende de tu vocación pirómana). Impregnar bien los tubérculos.

Emplatado: desbridar y filetear el rosbif, realzar con la Maldon. Escoltar con la salsa de mostaza y miel y esas patatas bravísimas.

POR QUÉ

El rosbif tiene múltiples usos: se sirve tanto frío como caliente, puede formar parte de un entrante o de un completo, de un plato o de un bocadillo.

La relación peso-tiempo en el horno es de Dani Lechuga, del bistronómic Caldeni, en Barcelona, que pese al apellido verdoso está especializado en carnes. Saco los colmillos de hombre primitivo en su restaurante.

La salsita con miel y mostaza es una gozada, con ese punto dulce-picante que realza tan bien la carne. ¿Y qué decir de las patatas bravas? Una alternativa más saludable a la fritura gracias al horno, aunque estropeamos la dieta con la mayonesa. Si quieres ser un comefuego, dale al tabasco.

#carne #ternera #horno #patata

El rosbif tiene múltiples usos:
se sirve tanto frío como caliente,
puede formar parte de un entrante o de un completo,
de un plato o de un bocadillo.

Tortipizza

QUÉ

Huevos
Anchoa
Mozzarella
Tomate
Tomillo
Sal
Azúcar moreno
Aceite de oliva virgen extra

CÓMO

Para el tomate: escalivar tomates (al horno, envueltos con papel de plata). Triturar con el túrmix con tomillo, aceite de oliva, sal y azúcar moreno. Si tienes prisa, abre un bote de tomate triturado y haz un sofrito con cebolla picadita.

Para el huevo: batir el huevo, añadir sal. En una muy buena sartén antiadherente, cocinar el huevo por una sola cara. Dejar extender sobre toda la superficie.

Emplatado: sobre el ruedo amarillo, una capa ligera de tomate; encima, lonchas de mozzarella y como bandera, orgullosa y al viento, una anchoa.

Versión: *es un plato familiar que permite a los niños colaborar en la construcción. Sobre la base huevo+tomate, levanta un mundo. Aunque la pizza sea un* container *que admita casi todo, intenta que esté más cerca de la gracia que de la desgracia. La lata es un buen aliado, sobre todo, la ventresca. Queso de cabra, champiñones, hortalizas cocinadas. Inténtalo también con lo dulce. ¿Es asquerosa la nocilla con tortilla? Pizza, coca,* crêpes, *tortillas mexicanas.*

POR QUÉ

¿Has visto alguna vez una *pizza alla napoletana* más ligera? Es necesario que la base sea fina, un papel. Preparación mecano, útil para distintas combinaciones: puede simular la pasta de un canelón. Uno de los defectos de las cocas y las pizzas es la sobrecocción de los elementos, sometidos a la misma temperatura en el horno. En vez de integrar, el fuego desintegra.

¿No es más razonable construir que apelmazar? Cada elemento es tratado por separado y es en la unión final donde cobra sentido. Una de las enseñanzas de la cocina tecnoemocional: respetar al producto y sus características, que resalte. La olla ahoga; el plato que recibe los ingredientes en su punto, une. Nos gusta la orgía y el revoltillo pero también el sexo en pareja.

#huevo #anchoa #lácteo #hortaliza #retromoderno #conserva

¿No es más razonable construir que apelmazar?
Cada elemento es tratado por separado
y es en la unión final donde cobra sentido.

Tortilla de 'pa amb tomàquet'

QUÉ

Huevo
Rebanadas de pan inglés
Tomate de untar
Aceite de oliva virgen extra
Sal
Cebollino

CÓMO

Para el pan: tostar una rebanada de pan y cortar en dos mitades. Untar ambas —y las dos caras— con el aceite, el tomate y dar un punto de sal. Montar una encima de la otra, formando un paquetito.

Para el huevo: batir con ganas pero sin mala leche. Sal. En una sartén antiadherente caliente y con un poco de aceite, extender el huevo hasta que forme una oblea. En un extremo, colocar los rectángulos de pan con tomate. Doblar. Tostar por una cara y girar para hacer por la otra.

Emplatar: pues eso, en un plato. Reverdecer con trocitos de cebollino picados.

Versión: *si se quiere dar más empaque a la tortillita, «apijarla», no hay más que colocar una loncha de jamón entre las dos rebanadas de pan inglés.*

POR QUÉ

Lo común en este plato de cena dominguera, de domingo perezoso y en retirada, es tostar una rebanada de pan de payés, untar con el tomate y extender una sábana tortillera.

Tuneamos el vehículo para compactarlo. Amorosamente, metemos ese pan revivido gracias al tomate en el vientre, empaquetando el placer. Cada bocado, que si cortamos vemos en estratos, es completo. Tortilla preñada y viva.

#rapidillo #huevo #tomate #retromoderno

Tuneamos el vehículo para compactarlo.
Amorosamente, metemos ese pan revivido
gracias al tomate en el vientre, empaquetando el placer.
Tortilla preñada y viva.

Tortilla de patatas

QUÉ

Huevos
Patatas
Cebolleta
Aceite de oliva virgen extra
Sal
Agua

CÓMO

Para las patatas: pelar y cortar a rodajas. Disponer en una fuente de horno con un poco de aceite, medio vaso de agua y un pellizco de sal. Hornear a 180° hasta que estén jugosas.

Para la cebolla: cortar en juliana, añadir sal, sofreír en una sartén e ir refrescando con agua (agua-evaporar, agua-evaporar) hasta que quede blanda.

Para los huevos: son tortillas individuales. Batir de uno en uno. A punto de sal.

Para la tortilla: en una sartén antiadherente buena-buena con una gota de aceite y caliente, extender la alfombra de albúmina. Cuando comience a ser consistente, encebollar la mitad del círculo. Completar con las patatas. Tapar, dorar y dar la vuelta. Sacar cuando esté tostada.

Emplatar: pues sí, llevar rápidamente a un plato.

POR QUÉ

En lugar de un tortillón colectivo, alto y denso, de cocción desequilibrada, una pieza instantánea y con interiores jugosos. La fórmula permite una tortillita urgente con la condición de que la cebolla y la patata hayan sido cocinadas con anterioridad.

Doblada sobre sí misma, protege los ingredientes. Hemos reducido grasas gracias a que la patata ha sido sometida al rigor del horno con menos aceite que el que necesita la cadena de una bici. Los incrédulos farfullarán: «Vale, lo que digas, pero donde esté la de siempre, la de toda la vida...» Ha dañado a más gente una mala tortilla de patatas que los hunos de Atila.

#retromoderno #patata #huevo

En lugar de un tortillón colectivo,
alto y denso, de cocción desequilibrada,
una pieza instantánea y con interiores jugosos.

Rape ensopado

Filetes de rape
Alga nori
Alga wakame
Puerro
Judía
Zanahoria
Cúrcuma
Cebolla
Tomate seco
Piñones (pasta)
Piel de mandarina
Sal
Pimienta
Agua

Para el caldo: hervir en armonía el mar y montaña vegetal, las algas, las judías, el puerro, la zanahoria, la cúrcuma, pimienta molida y sal. Colar y reservar.

Para el rape: en la vaporera, sobre una hoja de acelga para que no se pegue, sudar el pescado en esa sauna.

Para la pasta: hervir los piñones con un suspiro de aceite.

Para el sofrito: freír la cebolla y el tomate seco cortado a trocitos. Añadir el caldo y dejar reducir, hasta que esté concentrado. Saltear los piñones en el sofrito. Rectificar de sal.

Para la piel de mandarina: hay que tenerla preparada con antelación. Cortar en tiras una piel de mandarina ecológica y dejar secar sobre un plato.

Emplatado: en plato hondo, extender los piñones con el sofrito y encima, los filetitos vaporizados, salpimentar, gotear con aceite y realzar con unas tiras troceadas de piel de la mandarina.

POR QUÉ

Es una sopa casi seca, melosa, más contundente. ¿Falsa paella? ¡Anda ya! Intentemos no ser horteras. Un cocinero con ínfulas querría jugar a verdadero/no verdadero, explicado también como trampantojo por algunos críticos que se hacen los estupendos. «He sustituido el arroz por el trigo, bla-bla-bla.» Vale, tío. Solo se ha intentado trabajar la idea de sopa pero buscando lo jugoso y lo concentrado, cocinando por separado forma y fondo, uniéndolos al final.

El rape es casi de médico, para dietas (no tengo ni idea de eso). La piel naranja da un toque al soso, entre dulce y amargo. Puntos de luz sobre el blanco.

#vaporera #pescado #rape #cítrico #especias #pasta #hortaliza

Es una sopa casi seca, melosa, más contundente.
¿Falsa paella? ¡Anda ya!

Jeta ibérica

QUÉ

Carrillera deshuesada de cerdo ibérico
Hierbas mediterráneas secas (menta, laurel, tomillo, romero)
Huevo
Anchoas de lata
Cebollitas
Dientes de ajo
Polvo de piel de mandarina
Manzanilla
Aceite de oliva virgen extra
Pimienta negra
Sal

CÓMO

Para la mayonesa de anchoas: triturar con el túrmix la anchoa con un poco del aceite de la lata, aceite de oliva y huevo.

Para las cebollitas y ajos: en una sartén, rustir los bulbos con un poquito de aceite, sal y pimienta. Ir refrescando con un poco de agua. Invitar a la manzanilla. Reducir. En el último momento, espolvorear con la piel triturada de la mandarina.

Para el polvo de piel de mandarina: secar pieles de mandarina a trozos pequeños extendidos sobre un plato. Al cabo de unos días, cuando estén duros, triturar con el 123.

Para las carrilleras: en una cazuela, rustir las sonrosadas mejillas salpimentadas. Añadir un charquito de agua, dejar reducir y así sucesivamente hasta que brillen por fuera y sean jugosas por dentro (¿no aspiramos todos a eso?). Aromatizar con las hierbas secas. Ya con las piezas emplatadas, desleír el fondo de la cazuela con agua, concentrar la glasa para salsear después.

Emplatado: disponer las carrilleras, mojar con el jugo. A un lado, la mayonesa de anchoa y las cebollitas y ajos a la manzanilla cítrica.

POR QUÉ

Si en el *vitello tonnato*, la ternera es amistosa con el atún, en este encuentro carnal, la carrillera se asocia con la anchoa. Plato político, denuncia la mucha jeta del poder político y económico, la jeta ibérica. Si el plato tuviera morro, el retrato sería completo.

Destacar el gustirrinín que da la manzanilla, el salero de la piel de mandarina y la voluntad recicladora al usar el aceite de la lata. Somos sostenibles. Para acabar con la jeta ibérica y su desfachatez, démosle un mordisco en toda la cara.

#carne #cerdo #aromáticas #cítrico #123 #conserva #vino

Si en el *vitello tonnato*,
la ternera es amistosa con el atún,
en este encuentro carnal,
la carrillera se asocia con la anchoa.

Butifarra de pollo con gambas

QUÉ

Pechuga de pollo fileteada (corte fino)
Gamba roja mediana
Molinillo de especias (coriandro, ajo en polvo, cebolla seca, *nyora*, menta seca)
Sal
Pimienta negra
Almidón de maíz (Maizena)
Alga wakame
Ajos
Aceite de oliva virgen extra
Agua

CÓMO

Para la salsa: pelar las gambas. En un cazo alto, saltear las pieles y las cabezas de las gambas, las tiras de alga wakame y tres o cuatro dientes de ajo. Llenar de agua y dar potencia al fuego. Cuando se haya reducido, colar en un chino, apretando bien para sacar los jugos. Mezclar el almidón de maíz con agua (sí, con el dedito) e ir *engordando* la salsa de gambas, de nuevo en el fuego, para que espese. Rectificar de sal, si es necesario.

Para las butifarras: extender una pechuga de pollo fileteada (si no es lo suficiente fina, aplastar con el cuchillo), colocar encima tres gambas crudas, salar y dar unas vueltas de molinillo especiero. Tapar con otro de los velos avícolas. Colocar sobre papel film y enrollar haciendo un paquetito, buscando la forma de la butifarra.

Apretar bien por los extremos. Envolver por segunda vez con papel de plata, apretando de nuevo. En una cazuela, poner a hervir agua. Apagar y colocar los paquetitos dentro. Es una baja temperatura... salchichera. Sacar cuando se haya entibiado el agua. Cortar los extremos y desmoldar las salchichas.

Emplatado: partir una butifarra por la mitad para que se vea el interior gambero, espolvorear con la pimienta y otro golpe de muñeca a lo Björn Borg con el molinillo. Napar con la salsa de gambas.

POR QUÉ

Revisión de un pollo con gambas, un mar y montaña clásico. Intentamos mejorar el original con la presentación (¡sorpresa, la tradición concentrada en una salchicha!), en una adecuada interrelación de los elementos (en la receta habitual solo bailan juntos con la salsa) y en la preservación del sabor y la textura gracias una cocción corta, o casi no cocción. La gamba, bajo varias capas, queda jugosa.

Empecé a pensar a partir de una receta de los gemelos Javier y Sergio Torres, que sometían una pechuga a esas aguas termales (y me viene a la cabeza Japón y los *onsen tamago*, huevos en ardientes manantiales protegidos por la cáscara, como aquí preservan el papel film y el de plata).

Construcción mecano, el interior de la salchicha admite cualquier cosa, así como pasarla por la sartén en busca de la reacción de Maillard, tostando las blancas carnes. Buena aliada para un servicio de cocina fría, pícnic o cena con numerosos invitados. La salsa es un concentrado de gambas, casi de gambas al ajillo. Y el molinillo, parte del bricolaje *gastro*: vacías el comercial y lo rellenas con mixturas a tu gusto.

#carne #pollo #crustáceo #gamba #retromoderno #especias #aromáticas

Revisión de un pollo con gambas, un mar y montaña clásico.
Construcción mecano.
Buena aliada para un servicio de cocina fría,
pícnic o cena con numerosos invitados.

Espaguetis con anchoas

QUÉ

Lata de anchoas con aceite de oliva
Espaguetis
Dientes de ajo
Cebollino

CÓMO

Para los ajos: abrir las latas y vaciar el aceite. En una cazuela, sofreír los ajos en ese óleo. Con lentitud, asegurando lo crocante. Retirar los ajos y reservar.

Para los espaguetis: hervir en abundante agua con un poco de aceite de oliva. Muy importante: no salar. No salar. Escurrir los espaguetis.

Para las anchoas: en ese aceite *ajado*, deshacer los filetes con una cuchara de madera. Cuidado: fuego bajo, si lo subes te salpicará con acritud. Es increíble cómo el salazón se transforma de inmediato en una pasta. Saltear e impregnar bien la salsa.

Emplatado: colocar las madejas de espaguetis a las que se han agarrado los filetes pulverizados, amarronándolos. Los ajos muestran un tono similar. Dar color con el cebollino cortado.

POR QUÉ

¿Minimalismo culinario? No es una corriente de la vanguardia, sino del sentido común. Es una de las recetas más sencillas del mundo, a la que no hay que añadir nada más, incluso sobran elementos: ni los ajos ni el cebollino son necesarios.

Ejercicio de *cucina povera* porque he usado anchoas de supermercado, a euro y poco más la latita. Jamás se me ocurriría emplear las bestias de El Xillu (L'Escala), que no merecen ser desintegradas sino comidas en su carnosa integridad. Platillo sin tiempo, de fondo de armario: la lata y la pasta seca como símbolos de la eternidad *gastro*.

Hace algunas décadas que esta pasta forma parte de mi recetario después de descubrirla una noche en una pizzería malsana, cuya única gracia era cenar en una terraza bajo los árboles. Después de desenrollarlos, sin tener ni idea de cómo los preparaban llegué a esta conclusión que he escrito. Pagué por ello: salobré la lengua al salar los espaguetis (la anchoa ya va cargada de cloruro sódico) y me convertí en chef enmedallado cuando, por culpa del fuego histérico, me atacó la anchoa hecha una furia de puntitos.

#rapidillo #anchoa #pasta #conserva

Platillo sin tiempo, de fondo de armario:
la lata y la pasta seca
como símbolos de la eternidad *gastro*.

Espaguetis Pollock

QUÉ

Espaguetis secos
Pimienta negra
Tableta de chocolate con cacao al 70%
Sal
Aceite de oliva virgen extra

CÓMO

Para los espaguetis: prepararlos del modo habitual, en agua hirviendo con un chorrito de aceite de oliva. Una vez escurridos, aliñar con sal y aceite.

Emplatado: en un plato hondo, disponer con arte las madejas de pasta. Dar unas vueltas al molinillo de la pimienta. Con el rallador microplane —o instrumento similar— lijar la tableta de chocolate sobre los espaguetis, embarrando a conciencia. Es una acción que se puede hacer en el comedor ante el comensal, como si se tratase de trufa negra.

Versión: ya que tienes el microplane en la mano, puedes acabar el servicio con parmesano.

Es un plato raro, de teórico rechazo por parte del invitado. No tendría porqué: el chocolate no es un extraño en platos salados (conejo con chocolate, mole poblano), aún menos combinado con la pimienta negra, matrimonio de antioxidantes. Lo llamativo es reunir esos ingredientes sobre pasta, aunque ¿qué hay de sorprendente en el *mix* trigo-cacao? ¿No es una merienda?

El amarillo-marrón recuerda un cuadro del artista norteamericano Jackson Pollock (1912-1956). También si mezclas un huevo con chipironcitos llegarás a la ilusión expresionista. Sí, vale, el reflujo gástrico proporcionaría el mismo manchurrón. Como se ve, es barato tener un Pollock en la mesa. Esta es la receta intelectual del libro para demostrar que no somos unos zafios.

Algunos cenutrios pretenden desposeer a la alta cocina de sus pretensiones artísticas y tratan con desdén el homenaje de los chefs a los maestros: Carles Abellan y Enrico Crippa han recreado a Matisse; Carme Ruscalleda, a Mondrian; Gualtiero Marchesi, a Pollock (¿cómo es posible que se me anticipara?); Albert Adrià, a Tàpies; Quique Dacosta, a Rothko.

¿Por qué no fabricar nuestra abstracción comestible?

#rapidillo #chocolate #pasta #especias #rallador

Es un plato raro, de teórico rechazo por parte del invitado.
No tendría porqué:
el chocolate no es un extraño en platos salados
aún menos combinado con la pimienta negra.

Sándwich de 'tartar'

QUÉ

Entrecot madurado
Mini tostas integrales de trigo
Sal gruesa
Cebolleta
Pimienta negra
Mostaza
Tabasco
Alcaparras
Aceite de oliva virgen extra

CÓMO

Para el entrecot: cubrir una hora con sal gruesa.

Para el *tartar*: pasar el entrecot por agua y secar. Afeitar las grasas y desmenuzar con el cuchillo con minuciosidad de criminal.

Para el aliño: en un bol, mezclar la carne con aceite, pimienta negra, cebolleta y alcaparras cortadas, mostaza y tabasco (más o menos, a elección; arder o solo calentarse). Trabajar a fondo la masa como un boxeador, pero de los estilistas.

Emplatado: untar las tostaditas con cuidado, se rompen más que una vajilla buena.

Quería preparar un *tartar* para los niños huyendo del exceso de crudeza, evitando el argumento de lo picante encubridor porque sus paladares aún no son de amianto. Esa hora en sal permite una ligera cocción, un cambio de sabor y textura (y no hay que salar después la carne).

La idea me la dio Ever Cubilla, el chef de Espai Kru y Rías de Galicia, en Barcelona, que somete un solomillo a la salmuera.

Lo *kru* como uno de los argumentos importantes de la #kocinakasera. El aliño es variable, buscando lo ácido y lo picante y ese sufrimiento placentero, la sudoración progresiva. Renunciamos a enmoldarlo y lo ofrecemos a los comensales ya en bocadillo, ahorrando que lo unten ellos, refinando y acercando el servicio, de dedos a dedos. El crepitar del pan como complemento de la carne muelle.

#carne #ternera #crudo #rapidillo #encurtidos #tartar

Quería preparar un *tartar* para los niños
huyendo del exceso de crudeza,
evitando el argumento de lo picante encubridor
porque sus paladares aún no son de amianto.

Carpacho rústico

QUÉ

Solomillo de cerdo ibérico
Aceite de oliva virgen extra
Sal gruesa
Pimienta negra
Idiazábal sin ahumar

CÓMO

Para la carne: reposar dos horas el solomillo cubierto con sal gruesa. Limpiar bajo el grifo, secar y untar con aceite. Cortar capas muy finas. Si salen gruesas, aplastar entre papel film o papel de cocina. No salar.

Para el queso idiazábal: cortar en lascas.

Emplatado: extender la alfombra cárnica, espolvorear con la pimienta y un chorrito de aceite. Tapar con la mantita de queso.

POR QUÉ

Es habitual buscar la congelación para facilitar el laminado con la máquina corta fiambres. En nuestra modesta cocina no existe tal aparato, así que recurrimos a la muñeca y sus temblorosas habilidades. El resultado es rústico, basto, inapropiado para el Harry's Bar, Venecia y la condesa Amalia Nani Mocenigo.

El embalsamamiento rápido en sal suprime el salvajismo o, al menos, lo atenúa. El lácteo da argumentos suaves para la masticación. Prescindimos de la salsa, enmascaradora de sustentos frágiles. Un sándwich sin pan.

#carne #cerdo #crudo #rapidillo #lácteo

El embalsamamiento rápido en sal
suprime el salvajismo o, al menos, lo atenúa.
El lácteo da argumentos suaves para la masticación.
Un sándwich sin pan.

Burgblini

QUÉ

Carne picada de ternera y de cerdo
Pimienta
Sal
Sésamo negro y blanco
Pan inglés
Leche
Cúrcuma
Ajo en polvo
Cebolla
Harina de trigo
Levadura
Huevo
Aceite de oliva extra virgen

CÓMO

Para los mini blinis: en un recipiente ancho y cómodo para manipular, mezclar 100 gramos de harina de trigo con pimienta y sal. Romper lo níveo con una yema de huevo (reservar la clara). Disolver un sobre de 15 gramos de levadura en 100 ml de leche caliente, completar con otros 100 ml de leche. Añadir ese blanco al blanco amarilleado de harina-huevo. Remover todo bien-bien. Dejar que fermente (qué palabra, misteriosa y comprometida) durante una hora. No necesita nevera. Batir la clara y añadir al engrudo. En una sartén engrasada, ir fabricando, una a una, las doradas monedas como un Tío Gilito sin plumas. [El origen de esta fórmula para preparar blinis es el blog Gastronomía & Cía.]

Para las mini hamburguesas:

en un recipiente ancho y cómodo para manipular (así empiezan las historias, también las que dan miedo), mezclar las dos carnes con la sal, la pimienta, la cúrcuma y el ajo en polvo. Aparte, mojar una rebanada de pan inglés en leche. Mezclar el pan ensopado con la masa tumefacta (ayudará a que sea menos compacta y seca). Hacer pequeñas *burgers*. Pasar por la sartén con un velo de aceite.

Para la cebolla:

cortar en juliana. Sofreír con aceite a fuego bajo. Añadir un poco de agua, dejar que la absorba. Ir repitiendo la operación hasta conseguir que el blanco sea marrón, que lo firme, decaiga.

Emplatado:

guarecer las *burgers* —con un poco de confitura de cebolla— entre los panecillos de blinis. Espolvorear el sésamo negro y blanco. Sí, podrías haber mezclado las semillas en la masa de los blinis y en la de la hamburguesa.

Versión 1: enriquece el relleno con un kétchup casero: tomates escalivados y triturados con tomillo, azúcar moreno y sal.

Versión 2: si quieres estar en la onda, sustituye los blinis por molletes a lo Dani García o por bollitos chinos al vapor a lo David Chang. Pero ¿para qué complicarse la vida?

POR QUÉ

Desconfío de las hamburguesas preparadas por la industria como de Jack *el Destripador*. Sus intenciones son oscuras y perjudican la tripa. Leer la etiqueta es sentir náuseas por la cantidad de colorantes, potenciadores de sabor y conservantes. Creo que se inspiran en las sustancias que usaban los embalsamadores egipcios. El problema del *fast food* no es la carne picada, sino la porquería con la que la aliñan.

Con mis hijos, hemos hecho cantidad de hamburguesitas, les agradan desde que les salieron los primeros dientes. El problema final siempre es el pan. Lo intentamos con pan inglés tostado y cortado en círculos: demasiado seco. La solución fueron los mini blinis caseros, esponjosos, también libres de elementos momificadores no deseados.

Este *fast food* no perjudica la salud. Es que ni siquiera es *fast food*: tardas un rato. Llamar a esto *fast food* es como llamar filántropo a Bill Gates. Es *good food*.

#carne #ternera #cerdo #especias #retromoderno

Nemburguesa

QUÉ

Carne picada de ternera y cerdo
Menta
Jengibre en polvo
Sal
Sésamo negro
Lechuga
Confitura de tomate
Aceite de oliva extra virgen
Aceite de guindilla
Salsa yakitori

CÓMO

Para las minis hamburguesas: seguir los mismos pasos que en las burgblinis, pero sustituir aquellas especias por el jengibre en polvo, el sésamo negro y la menta picada. Tras modelar las hamburguesitas, pasar por la sartén antiadherente con una gota de aceite.

Para la salsa: mezclar la confitura de tomate con el aceite de guindilla y la salsa yakitori.

Emplatado: sobre una hoja de lechuga, colocar la mini burger y napar con la salsa. Remata con una hojita fresca de menta.

Versión 1: las hamburguesitas se pueden preparar al vapor.

Versión 2: unas tiritas de piel de limón confitado refrescan. En la imagen se aprecian unos daditos: es Mano de Buda, un cítrico inquietante, la mano mustia de Freddy Krueger (sí, busca la foto de la fruta en internet). El cocinero Ly Leap, del Indochine, me había regalado, o dado, una mano y la empleé.

POR QUÉ

Es espectacular cómo una hojita de menta es capaz de cambiar la dirección de un plato. Frescor en las encías. Lo mentolado desengrasa esta porción animal. Y es agradable el contraste del crujir verde y lechuguero.

Plato guarrete para comer con los dedos, inspirado en los nems vietnamitas. La salsa yakitori y la mermelada de tomate son compradas: mejor que no leas la etiqueta. El aceite picante, casero y chapucero: balas guindillosas en aceite de oliva, eternizadas en un frasco sobre el mármol de la cocina. De tan sencillo es complejo: dulce-picante-fresco. ¿Has estado en una selva tropical?

#carne #ternera #cerdo #especias #retromoderno #asiatiquea #verde

Es espectacular cómo una hojita de menta
es capaz de cambiar la dirección de un plato.

Alitas para alzar el vuelo

QUÉ

Alitas y muslitos de pollo
Calabaza
Soja
Sésamo blanco
Jengibre en polvo
Ají panca en polvo
Pimienta molida
Miso
Aceite de oliva virgen extra
Mayonesa de bote
Piel de mandarina seca
Cardamomo

CÓMO

Para las alitas y los muslitos: en una fuente de Pyrex, hornear a 250° con una gota de aceite y unas gotas de agua (¿se entiende que haya poquísima cantidad de grasa y líquido?). Churruscamiento en tres tiempos. Dorar un lado. Dar la vuelta y dorar el otro lado. Dar la vuelta de nuevo y dorar, unos instantes, el lado primero. No salar. La salsa lleva soja.

Para la salsa Tres Continentes (llámala como te dé la gana, es inventada): en un bol, mezclar soja, sésamo blanco, jengibre en polvo, ají panca en polvo, pimienta molida, miso, aceite y mayonesa. Si quieres que pique más, acentúa el ají panca, o sustitúyelo por unas gotas de tabasco. Puedes alterar la mezcla como te plazca.

Para la calabaza: pasar, a trozos, por la vaporera. Cuidado porque es frágil. Aliñar con pieles de mandarina seca (cuando comas una mandarina, corta la piel a trozos, extiéndela sobre un plato y déjala secar; después, haz tiras y guárdalas en un bote), semillas machacadas de cardamomo y aceite.

Emplatado: napar las alitas y los muslitos con Tres Continentes y acompañar con la calabaza.

Versión 1: *sustituir la calabaza por zanahoria.*

Versión 2: *reducir la salsa en una sartén (sin la mayonesa) con el añadido de los jugos de la fuente del pollo (despegar el fondo con agua caliente).*

POR QUÉ

Alitas para vuelos cortos y raudos. Somos como las víctimas de *Los pájaros*, de Hitchcock, aterrados por el exceso de alitas y muslitos con soja en las cartas de los restaurantes.

El diminutivo —alitas y muslitos— no los hace mejores. Algunos creen que los diminutivos gastronómicos son una forma de cocina.

No tardas mucho en preparar este combinado de naranjas porque mientras el horno trabaja, tú te sumerges en vapor. Si hay niños en la casa o paladares sensibles, la salsa puede servirse aparte. Inventa tu propia mezcla, igual puedes registrarla y hacerte millonario. Sin el moje, incluso sería dietético, aunque entonces no alzaríamos el vuelo. Y en la cocina lo que nos agrada es el *looping* acrobático.

#carne #pollo #vaporera #hortaliza #especias #asiatiquea

El diminutivo —alitas y muslitos— no los hace mejores.
Algunos creen que los diminutivos gastronómicos
son una forma de cocina.

Wokisotto

QUÉ

Arroz redondo y cocido (producto envasado)
Ceps secos
Cebolleta
Nata de cocina
Parmesano
Aceite de oliva virgen extra

CÓMO

Para el arroz: rehidratar los *ceps* en agua caliente. En el microondas, calentar el arroz en su recipiente (abierto). En el wok, saltear con aceite la cebolleta cortada y añadir las setas. Rehogar. Si necesita líquido para que no se seque la mezcla, añadir el de los *ceps*. Saltear el arroz con los tropezones.

Para la salsa: en un cazo, calentar la nata con el parmesano rallado. Espesar sin que llegue a hervir.

Emplatado: cubrir el arroz con la crema, pero no totalmente para poder disfrutar de ambos mundos, el italianizado y el achinado.

Algunas veces tomo el menú de mediodía del Wok&Bol, un chino poco chino de Barcelona, donde cocina un pintor taiwanés y sirven catalanes y catalanas. No hay dragones ni farolillos ni otros empalagos rojos. Cuadros con colores intensos y mesas diseñadas por Yi Chung Chiang.

Siempre pido el arroz, cuya textura me seduce: algo dura, suelta, noto los granos al paso por la garganta. No es hervido, no es guisado, es otra cosa. El chef varía la miscelánea, con heterodoxias como la sobrasada.

Un día apareció cubierto con una especie de bechamel y pensé en este *wokisotto*, bastardo de wok y risotto. ¿Con qué arroz? El que más se aproxima es el cocido de supermercado (la marca que uso es Brillante), uno de los pocos preparados de gran superficie que entran en mi cocina porque el solitario aditivo que denuncian en la etiqueta es la lecitina de soja (y en caso del de Hacendado, ni eso).

Nunca fui muy amante del *risotto*, así que imaginé ese amor a lo Marco Polo, italochino, en busca de rapidez, consistencia en el grano y el sabor denso del *cep*. El resultado es wok & roll.

#arroz #setas #lácteo #wok #microondas #rapidillo #asiatiquea

Nunca fui muy amante del *risotto*,
así que imaginé ese amor italochino,
en busca de rapidez, consistencia en el grano
y el sabor denso del *cep*.

Salmonetes al grill con estofado agridulce

QUÉ

- Salmonetes medianos
- Romero
- Zanahoria
- Calabaza
- Calabacín
- Berenjena
- Tomate triturado
- Cebolla
- Vinagre de Jerez
- Aceite de oliva virgen extra
- Agua
- Sal fina
- Sal Maldon
- Azúcar moreno

CÓMO

Para el estofado de verduras agridulces: cortar todas las verduras en cuadrados. Sofreír en una cazuela con el aceite. Añadir la cebolla, bien menudita, un poco más tarde para que no se queme. Después, un par de cucharadas de tomate triturado. Salpimentar. Rehogar. Sumar el azúcar, mezclar bien (se busca el contraste, no la dulzura). Es la hora del Señor Oscuro, el vinagre de Jerez, un par de chorretones, sin abusar. Queremos que el comensal sienta un ligero estremecimiento en el cogote, no que huya aterrado por la capa negra. Remover para que el vinagre pierda

bravura. Completar con el agua. Dejar evaporar. Evitar que las verduras sean una papilla: tienen que quedar un poco crujientes.

Para los salmonetes: encender el grill. Colocar los pescaditos sobre papel para horno en una rejilla, lata o silpat, según menaje. Sobre cada lomo, un chorrito de aceite y una ramita de romero. Asar bajo al grill con cuidado y solo por una cara (a la unilateral, puedes usar esa palabra para ser repelente y hacerte el experto), se chamuscan de inmediato. Evitar que se sequen. Fuera del horno, aliñar con escamas de sal Maldon, pimienta y hojitas frescas de romero.

Emplatado: en la base, el estofado agridulce; encima, los salmonetes.

POR QUÉ

El plato vira hacia lo naranja: no sé qué efecto tendrá en la salud del comensal. Consultar a un especialista en platoterapia. [...] He consultado ya la cromoterapia: el naranja afecta al intelecto y a la fuerza física. Os juro que después de este salmonete que se cree Naranjito soy más listo y hercúleo.

Mientras escribo recuerdo el *salmonete Rothko* de Quique Dacosta, oda al azafrán, y su precisión y gusto por las líneas puras y no este bulto que os ofrezco. Me interesa el chispazo de las verduras, esa sorpresa ácida que enciende las encías. No a las verduras aburridas y sí a los vegetales expresivos, aunque sea a la fuerza. En una carta leo agridulce (como me ocurrió en el restaurante barcelonés Anònim, donde encontré la inspiración) y mis papilas comienzan a interesarse.

#pescado #salmonete #hortaliza #aromáticas #horno

No a las verduras aburridas
y sí a los vegetales expresivos,
aunque sea a la fuerza.

Rape punki con huevas

QUÉ

Colitas de rape
Cuscús precocinado
Lechuga
Huevo
Huevas de trucha
Harina de tempura
Panko
Pimienta negra
Sal
Sal Maldon
Agua

CÓMO

Para el cuscús: llenar un plato hondo con cuscús precocinado y mezclar con aceite de oliva. Hervir agua. Mojar el cuscús, que quede un poco de agua por encima de la sémola. Dejar que la pasta absorba el líquido. Añadir más aceite, salpimentar y remover. Que no sea un mazacote.

Para la lechuga: cortar a trozos.

Para el rape: son tres pases, como si estuviera en un túnel de lavado. Rebozar en harina de tempura, mojar en huevo batido y erizar con el *panko*. Freír en aceite caliente, que no humee y poco a poco, un par de piezas cada vez para que se mantenga la temperatura. Desengrasar con papel de cocina.

Emplatado: con un molde, montar el cuscús. Alternar capas de sémola con lechuga troceada. En la cúspide, las huevas de trucha. A un lado del montículo, el rape punki, con más escamas, estas, en forma de sal Maldon.

POR QUÉ

Un pescado con una capa externa puntiaguda, a la defensiva o pinchando, punki gracias al *panko*, cocina con *k*. Ablandando el espíritu, el cuscús, aunque la lechuga crujiente le da un meneo a tanta noñez, y no digamos las huevas, pequeñas explosiones nucleares y anaranjadas en la boca. Los huevitos de la sémola y los huevazos trucheros.

El cuscús es un comodín, un solucionador de guarniciones. Admite frutos secos, admite verduras, admite malos tratos y no se queja.

Si un cocinero fallero quiere representar una playa, tiene aquí una opción rápida y sencilla de arena comestible. Y ya es amarilla de serie. El *panko* y el cuscús se dicen cosas: «¿Por qué no nos lo montamos y nos damos un revolcón?» Vale, podría ser otro plato.

#pescado #rape #asiatiquea #molde

El cuscús es un comodín,
un solucionador de guarniciones.
Admite frutos secos, admite verduras,
admite malos tratos y no se queja.

Rollitos de col con 'tartar' de caballa

QUÉ

Filetes de caballa
Hojas de col
Cebolleta
Aceite
Sal
Pimienta
Agua
Mostaza

CÓMO

Para la col: ablandar en una vaporera las hojas de col, hasta tornarlas pergaminos verdes.

Para el *tartar* de caballa: sacar la piel del pescado tirando desde la parte superior del filete. Cortar a cuchillo. Cortar la cebolleta, incluyendo algo del verde, a cuadraditos, vamos, en *brunoise,* que diría un enterado. En un bol, mezclar, la caballa, la cebolleta, el aceite, la pimienta y la sal. Remover con cuidado, evitando la papilla.

Emplatar: extender una hoja de col, rellenar con el *tartar* y enrollar como si fuera un habano. Un punto de mostaza en el plato, como un sol menor, y otro, sobre el puro, encendiéndolo.

POR QUÉ

Lo invisible es atractivo. Al temeroso de la novedad, lo enredas con lo oculto. Si tu padre o tu abuela se acobardan ante lo crudo, este cigarro de pescado azul les permitirá la consumición con engaños. Después te agradecerán la trampa filial, la entrada en un mundo desconocido. «Oh, nunca hubiera dicho que comería un pescado sin cocinar.» Vapor y crudeza: debe de ser eso que llaman *antiaging*.

Con esta dieta seguro que vives, al menos, un par de meses más. La mostaza, a tu gusto, de Dijon, en grano, verde, antigua o prehistórica. Pero no abuses: se trata de que realce, no de que arrase. No a la mostaza usada como arma química.

#caballa #rapidillo #verde #pescado #vaporera #crudo #tartar

Lo invisible es atractivo.
Al temeroso de la novedad,
lo enredas con lo oculto.

Tartisushi

Atún
Arroz
Cebolleta
Pepinillos
Pimienta negra
Aceite de oliva virgen extra
Fino
Mermelada de tomate
Aceite de guindilla

Para el arroz: consultar la receta del *nigiri de atún*.

Para el atún: *tartarizar* con el cuchillo sin convertirlo en pulpa. Trocear los pepinillos. Cortar en daditos la cebolleta, así, con cuidado, con ganas. En un recipiente amplio, revolcar el atún con los pepinillos, la cebolleta, un chispazo de pimienta negra, una lubricación con aceite y un chorretón de fino. Trabajar bien, dándole a la masa, que quede brillante y elástica.

Para la salsa: mezclar la mermelada de tomate con el aceite de guindilla. ¿Más picante o más dulce?

Emplatado: llenar un molde. En la base, el arroz; encima el atún y como borla de gorrito, un punto de salsa picante.

POR QUÉ

Picante, ácido, aromático. Híbrido de *tartar* y *chirashi* (*sushi* esparcido), pastelito para comer con tenedor, evitando el bochorno de los palillos torpones.

Como de costumbre tuve ganas de acción después de la visita a un restaurante. En este caso fue al Kimbo, un japonesito de Sabadell —es que es muy pequeño— donde Esteve Roca practica su cocina *japoinventada*. A partir de su pastelito de atún, más pequeño y cuadrado, me desvié hasta el tartisushi, aliñado con alegría. Por si no tenías suficiente ardor, la salsa agridulce te dará el hachazo definitivo.

#pescado #atún #tartar #asiatiquea #crudo #encurtidos #molde

Híbrido de *tartar* y *chirashi*,
pastelito para comer con tenedor,
evitando el bochorno de los palillos torpones.

Wok de calamarcitos y garbanzos

QUÉ

Calamarcitos limpios
Garbanzos cocidos
Coriandro
Cebolla
Ajo
Sal
Pimienta negra
Aceite
Agua

CÓMO

Para la cebolla: cortar la cebolla en juliana, rehogar en aceite a fuego lento. Salar. Ir refrescando con poca agua hasta conseguir una textura *mermelosa*. Espolvorear con las semillas de coriandro, machacadas en el mortero.

Para el ajo: en una sartén con aceite, confitar ajos. Cuidado que se queman con más rapidez que un árbitro de primera división.

Para los calamarcitos: separar los tentáculos y cortar en rodajas. Saltear en el wok con un poco de aceite a fuego muy vivo. Salar. Cocción rápida y vigorosa.

Para los garbanzos cocidos: pasar por el wok en el que has salteado los calamarcitos. Mezclar con la cebolla pochada y dar otro golpe de coriandro machacado.

Emplatar: en la base de un plato hondo, los garbanzos; encima, los calamarcitos y, en la cúspide, el ajo como bandera. La pimienta acabada de moler, como siempre, será bienvenida.

POR QUÉ

Es un guiso para los que no tienen tiempo para un guiso. Por supuesto, admite garbanzos de bote. Respeta el sabor de los dos elementos principales, sin que el resultado final sea un engrudo que ni un forense identificaría. El coriandro une al molusco con la leguminosa, amándolos.

Con el wok, la textura del calamar resulta extraordinaria, a la vez cocinada y firme. ¿Y el ajo? Un crocante. Pero es que además somos #fansdelajo. Todo sea por vivir más años, y más limpios. El ajo y el coriandro son antibacterianos.

#wok #legumbre #molusco #especias #rapidillo #mortero

Es un guiso para los que no tienen tiempo
para un guiso.

Lenguado cítrico

QUÉ

Lenguados limpios (sin filetear)
Alcaparras en vinagre
Pepinillos en vinagre
Aceite
Mantequilla
Cristales de sal
Pimienta
Polvo de piel de mandarina

CÓMO

Para el polvo de mandarina: es más fácil que depilar a una folclórica, solo que requiere de anticipación. Secar pieles de mandarina a trozos pequeños extendidos sobre un plato. Cuando tengan textura de cartón, triturar con el 123. Almacenar en un botecito hasta su uso.

Para la salsa: desleír mantequilla en una sartén con un poco de aceite a fuego bajo. Saltear las alcaparras y los pepinillos en trocitos.

Para los lenguados: untar un plato con un poco de aceite. De uno en uno, cocinar en el microondas en la posición 1. Mejor parar y mirar la cocción que recocinar. Cuando hayan emblanquecido como una pared encalada estarán a punto. Filetear los lenguados, eliminar la espina central y las laterales.

Emplatado: salsear los filetes con las alcaparras y los pepinillos. Salpimentar. Espolvorear con la mandarina.

Versión: buscando más lo áspero y el estremecimiento en los hombros, sustituir los pepinillos por aceitunas amargas, en trocitos, a dosis.

POR QUÉ

Pienso en lenguado y me aparece la mantequilla, aunque sin ella el resultado de la receta sería el mismo. La culpa es de los franceses y de las vacas. Y de Joan Roca y su lenguado, hecho con el Roner a 55°. Nuestra baja temperatura es la del microondas.

Al lenguado le van bien los ácidos de los encurtidos, provocándolo, sacándolo de la pereza plana. Ese juego de sabores solares/lenguado (sol/*sole*) necesita la iluminación de la mandarina. Sorprendentemente, la piel seca guarda las propiedades, con un ligero amargor.

Es, además, una manera de dar rendimiento a los aparatos olvidados y sacudirte la mala conciencia de acumular. ¿Para qué usas ese 123 oculto y resentido en el fondo del armario? Aprovechemos el empuje de esta tecnología de feria para decir que el microondas sirve para algo más que para calentar la leche. Algunos cocineros doctrinarios manifiestan airados: «¡En mi cocina no entra un microondas!» Pobres, aún no saben que es solo un aparato, un cacharro sin vida ni culpa.

#lenguado #pescado #rapidillo #microondas #123 #encurtidos

Al lenguado le van bien los ácidos de los encurtidos,
provocándolo, sacándolo de la pereza plana.
Sorprendentemente, la piel seca guarda las propiedades,
con un ligero amargor.

Conejo rojo

QUÉ

Espalditas de conejo
Pebrella seca
Patatas
Pimentón dulce
Nyora en polvo
Ajos
Aceite de oliva virgen extra
Pimienta negra fresca
Sal
Agua

CÓMO

Para la ajada: en una sartén, dorar a fuego bajo unos ajos laminados. Cuando estén crujientes, apagar el fuego. Apartar y espolvorear con el pimentón y la *nyora*. Dejar reposar.

Para el conejo: en una cazuela, brasear las espalditas con muy poco aceite. Salpimentar. Cuando cojan color, añadir un poco de agua para rescatar el jugo del fondo. Ir repitiendo la operación —añadir agua y dejar reducir— hasta que el conejo esté guisado y con el exterior de bronce. Hacia el final, aromatizar con las hojitas secas de *pebrella* (*thymus piperella*).

Para la patata: cortar a cuadraditos, introducir en un estuche de silicona, salpimentar + *pebrella*, y bombardear en el microondas a máxima potencia. En pocos minutos estarán a punto. Quedan gomosas, como si las hubiera preparado Mr. Fantástico.

Emplatado: con un molde, levantar el patatal. Disponer el conejo con las espalditas cruzadas y aire de escudo nobiliario. Salsear con la ajada y repartir las chips de ajo entre las patatas y las patitas.

POR QUÉ

El conejo es un animalillo que trabajo poco: tiene poca grasa pero es más desagradable que una multa. Esta sugerencia combina la espaldita —para chuperretear sin protocolos burgueses— con una ajada, tan corriente sobre merluzas insípidas.

Al pimentón dulce añado la visita de un familiar más bravo, la *nyora*, acentuando el encarnado. Los que saben recomiendan usar solo el aceite de la ajada, decantando lo sólido. Las patatas están hechas al vapor para disimular que nos interesa la salud, trabajadas como un *tartar* vegetariano. Pimentera (*pebrella*), pimentón, *nyora* y un conejo encendido.

#carne #conejo #retromoderno #molde #aromáticas #especias #patata

Esta sugerencia combina la espaldita
—para chuperretear sin protocolos burgueses—
con una ajada, tan corriente sobre merluzas insípidas.

Costillas Porky

QUÉ

Costillas de cerdo ibérico
Soja
Miel
Aceite de oliva virgen extra
Agua
Tomate
Cebolla tierna
Aguacate
Melisa
Pimienta negra

CÓMO

Para la salsa: mezclar en un bote la soja, la miel, el agua y un poco de aceite, tapar y agitar. Marinar las costillas durante cuatro horas. Ir removiendo para que la carne se impregne con el betún.

Para las costillas: en el horno a 200°, arriba y abajo, cocinar las costillas. No embadurnar con aceite la bandeja de Pyrex. Salar la carne por una sola cara. Como en la cámara de rayos UVA, tostar por las dos caras.

Para la salsa: reducir la marinada en una sartén. Si fuera necesario espesar, mezclar Maizena con agua fría e ir añadiendo.

Para el damero: cortar en cuadraditos el tomate, la cebolla y el aguacate. En un bol, aliñar y salpimentar. Trocear la melisa. Mezclar bien los ingredientes.

Emplatar: salsear las costillas y, con un molde, montar el damero de colores al lado.

POR QUÉ

Son unas costillas cerdas para comer con los dedos, un pringue muy sabroso. Dejamos el hueso pelado y nuestras comisuras untadas son las del Jocker, una sonrisa más amplia.

El cuadrado vegetal sirve como desengrasante, con la ayuda de la muy singular melisa y sus aptitudes cítricas. Un poco de color para contrastar con el barniz del costillar. El más tonto de los dibujos de la tele era Porky y por eso nos lo comemos.

#carne #cerdo #hortalizas #fruta #molde #aromáticas #miel

Son unas costillas cerdas
para comer con los dedos,
un pringue muy sabroso.

Pollo doble piel

Cuartos de pollo abiertos
Champiñones grandes
Agua
Aceite
Maizena
Especias en polvo (menta, cilantro, ají panca, pimienta)

CÓMO

Para el pollo: precalentar el horno, arriba y abajo, a buena potencia, 220-230° C. Untar con aceite una fuente de Pyrex. Colocar los cuartos de pollo con la piel hacia abajo. Salpimentar. Mojar con unas gotas de agua, sin encharcar. Dejar que se doren. Sacar el pollo y dar la vuelta. Churruscar y permitir que la piel se ondule como si fuera un edificio de Frank Gerhy. Antes de servir, espolvorear sal y el juego de especias para que liberen el aroma con el calor. Desleír el fondo graso de la fuente de Pyrex con agua, mezclar bien. Pasar el jugo sobrante a una cazuela, añadir Maizena y reducir.

Para los champiñones: filetear y tostar en una sartén antiadherente. Salar con prudencia y espolvorear con las especias.

Emplatado: cubrir la piel del pollo con los champiñones como una segunda piel. Salsear con la salsa de pollo. Otro emplatado: levantar la piel del pollo y colocar a un lado. Simular la epidermis con los champiñones.

Versión: cambiar los champiñones por láminas de alcachofas tostadas en sartén.

POR QUÉ

El pollo al horno es multigeneracional: lo come la abuela, lo come el niño. Con los cuartos de pollo abierto conseguimos una superficie grande para disfrutar de lo que más nos agrada del alado: esa piel contraída y de sabores grasos y concentrados, pecaminosa. Para degustar con garantías y evitar el uso de sujetadores por el abuso de hormonas, lo mejor es que el ave sea ecológica.

¿Qué decir de los champiñones? Son de cultivo es decir, regulares en su calidad. Para que las especias den rendimiento, lo mejor es usarlas al final, evitando que el calor fuerte del horno las queme y arrase. ¿Es buena idea someter una fragancia a la destrucción por altas temperaturas?

#carne #pollo #setas #especias #horno #rapidillo

Con los cuartos de pollo abierto
conseguimos lo que más nos agrada del alado:
esa piel contraída y de sabores grasos
y concentrados, pecaminosa.

Macarrones de sábado

Macarrones rayados
Salchichas de pollo
Cebolleta
Tomate triturado
Sobrasada
Mascarpone
Gouda
Parmesano
Mantequilla
Aceite de oliva virgen extra
Sal
Agua

CÓMO

Para los macarrones: poner a hervir agua en una cazuela amplia. Sal y un chorrito de aceite de oliva. Hervir los macarrones.

Para la salsa: en otra cazuela amplia, y en paralelo a la cocción de los macarrones, saltear en aceite las salchichas cortadas en trozos. Cuando estén hechas, invitar a la cebolleta cortada en pedacitos. Después es el turno de la sobrasada, deshacer en ese entorno graso. Otra ración rojiza, el tomate triturado. Mezclar todo bien. Si se quiere alargar la salsa, es posible mojar con el agua de la cocción de los macarrones. Cuidado que llega el blanco, el mascarpone, un par de cucharadas para rebajar la inflamación Rectificar de sal.

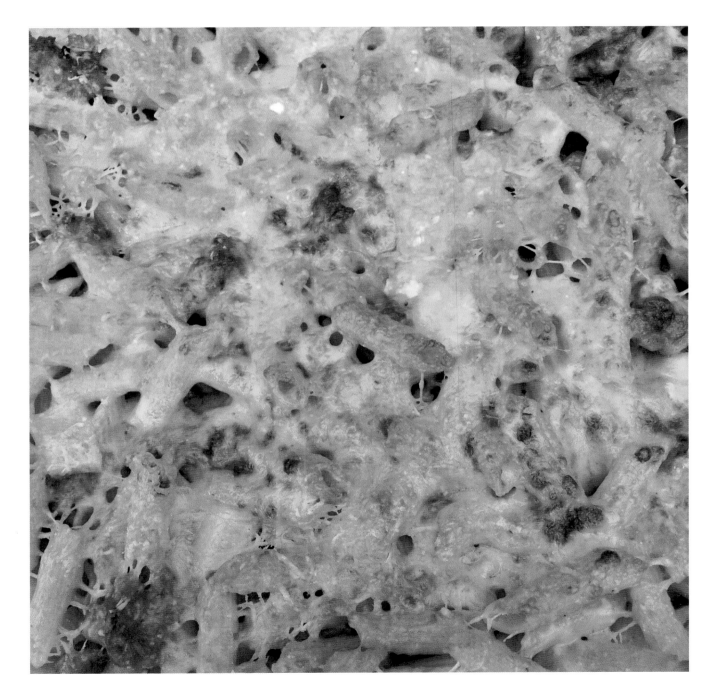

Para la unión: escurrir los macarrones y mezclar con las salsas, embadurnar bien, que se pringue hasta el último agujero.

Para el horneado: durante la operación anterior, precalentar el horno. Pasar la mezcla a una fuente de Pyrex ancha. Rallar encima el parmesano y el gouda. Cortar tiras de mantequilla e ir repartiendo sobre la nevada. Dejar encendida solo la parte del grill. Retirar cuando la superficie quede crujiente.

Emplatar: servir una buena porción, que se vea el corte entre la capa y el corazón.

POR QUÉ

Cada familia tiene su receta de macarrones y esta es la nuestra. Los llamamos del sábado porque los hacemos el... lunes. No, ¡el sábado! Es el plato favorito de mi hijo Nil. El de mi hija Carla, y el de su madre, es la *fideuà,* que no está en el libro porque alguno hay que dejar fuera para el próximo. Nil gira los ojos del revés cuando tiene en la boca el queso fundido. Por supuesto admite muchas variaciones, y todas prohibidas por los dietólogos, pienso en chorizo, pienso en salchichas de cerdo, pienso en carne magra.

No se puede decir que sea saludable: en nada ayuda a las arterias la sobrasada y los quesos grasos y duros. El mascarpone es aquí un agente amoroso, un magma tranquilo en el fondo del volcán.

Puede que muramos el lunes pero hoy es sábado, mañana de fiesta, y en el horno la lava va fundiéndose.

#retromoderno #macarrones #pasta #horno #lácteo #carne #pollo #embutido

Cada familia tiene su receta de macarrones
y esta es la nuestra.
Los llamamos del sábado porque los hacemos el...

Arroz al horno

QUÉ

Arroz
Costilla de cerdo troceada
Morro de cerdo troceado
Botifarra del perol
Ajos
Patatas
Tomate triturado
Garbanzos cocinados
Cúrcuma
Aceite de oliva virgen extra
Sal
Agua

CÓMO

Para la carne y los ajos: en una cazuela de barro con aceite, saltear la costilla y el morro con su punto de sal. Cuando estén casi dorados, añadir los dientes de ajo con piel. En el momento en el que la piel de los ajos se desprenda, un poco de tomate triturado, sin abusar. Rehogar bien, añadir sal.

Para las patatas: pelar, cortar en láminas y reservar.

Para la *botifarra del perol*: cortar en cuatro porciones. Reservar.

Para el arroz: rehogar en la cazuela con las carnes, los ajos y el tomate. Espolvorear con la cúrcuma y la sal correspondiente. Que no se pegue a la cazuela.

Para el agua: añadir el doble de agua que de arroz menos dos. *Doble –2.* No es una fórmula esotérica, sino que significa un-poco-menos-del-doble. Funciona a la perfección.

Para hornear: antes de meter la cazuela en el horno (a 250º), invitar a las patatas, a la butifarra y a los garbanzos al baño amarillo. Admite, en medio de la piscina, una cabeza de ajos.

Emplatado: tardará entre ¾ y una hora, vigilar bien el horno. Sacar cuando los granos estén amarronados y crujientes en los laterales de la cazuela. Servir el arroz con un-poco-de-todo. Placer máximo al romper la butifarra y mezclar con la gramínea y su pandilla.

POR QUÉ

Este plato tradicional requiere de una cazuela de barro. No lo imagino con otro material. Mi madre lo cocinaba los miércoles y ha sido, y es, mi plato favorito, por encima de la paella y su mística. Aguardar la llegada de la hora de comer el día señalado era una tortura que en mi estómago comenzaba a gestarse a la hora del patio. Por esas razones que sobrepasan la genética, y tienen que ver más con los sentimientos, jamás he conseguido cocinarlo mejor que ella.

Las variedades que uso son las corrientes, *bahía* y *senia*, envasadas con el enigmático nombre de *extra*. Creo innecesario, para lo doméstico, el muy apreciado y sobrevalorado *bomba*.

El primer cambio respecto de la receta tradicional es la sustitución de la butifarra blanca (*blanquet*) y la negra por la del *perol*, menos compacta y, aunque tostada por el horno, permite un mejor desmenuzamiento. El segundo es la sustitución del colorante, la tartracina, por la cúrcuma y así evitar amarillear con aditivos. Me lo planteé cuando mis hijos eran muy pequeños, temeroso de reacciones adversas.

¿Y el azafrán? Dejad que sea un descreído. Por más que todo el mundo se ponga estupendo con la especia, apenas estaba disponible en mi niñez. En las casas se usaba un sobrecito de Carmencita, mezcla que daba al arroz ese color hepatitis tan característico. Para conseguir el mismo tono con el azafrán necesitas de un camión y la deriva del sabor hacia el cloro. Para acallar conciencias, los cocineros dominicales trampean con unas hebras de azafrán y sus buenos pellizcos de E-102. Cuidado con la cúrcuma —que se adapta de maravilla al cerdo— porque puede dominar y lo que tiene que hacer es integrarse.

Es el arroz más fácil del mundo, el-que-nunca-falla, con el que los torpes se inician. He regalado *kits* a mis amigos menos capacitados para la cocina y todos han triunfado. Sigue siendo la única receta que saben hacer.

#arroz #retromoderno #horno #carne #cerdo #especias #legumbre

] Para acabar [

Aerolitos de 'mató'

QUÉ

Mató
Cacao de chocolate a la taza
(puede ser sustituido por Cola Cao)

CÓMO

Para las bolas: hacer bolitas con el *mató*, intentando que sean consistentes.

Para el rebozado: verter el cacao en polvo en un bol. Hacer rodar las bolitas para que se impregnen del marrón.

Emplatado o enlatado: sobre un papel antiadherente (el de horno sirve). Colocar las bolitas, que irán oscureciéndose. Enfriar en la nevera para aumentar la consistencia.

POR QUÉ

Es una de las recetas más cortas y fáciles del libro. La explicación también: están buenos. Aerolitos de impacto moderado.

#postre #lácteo #chocolate #rapidillo

Mango, pimienta, queso

QUÉ

Mango maduro
Pimienta negra
Queso fresco estilo Burgos
Miel
Vinagre de Módena extra viejo

CÓMO

Para el mango: cortar en gajos.

Para el queso fresco: cortar en lonchas.

Emplatado: alternar la fruta con el lácteo. Sobre el mango, unas gotas de vinagre extra viejo. Sobre el queso, la miel. Sobre todo, espolvorear con la pimienta negra fresca.

POR QUÉ

Asocio el mango con la pimienta negra. Muerdo el amarillo y siento un cosquilleo en la nariz. Las dos carnes, la frutal y la *lechal*, se complementan. Los dos aliños, dulce y ácido, se revuelcan en la misma cama.

Si es de buena calidad, el vinagre de Módena extra viejo se puede comer a cucharadas, nada que ver son ese líquido parduzco con el que algunos intoxican las ensaladas.

#rapidillo #fruta #lácteo #miel #ácido #especias #postre

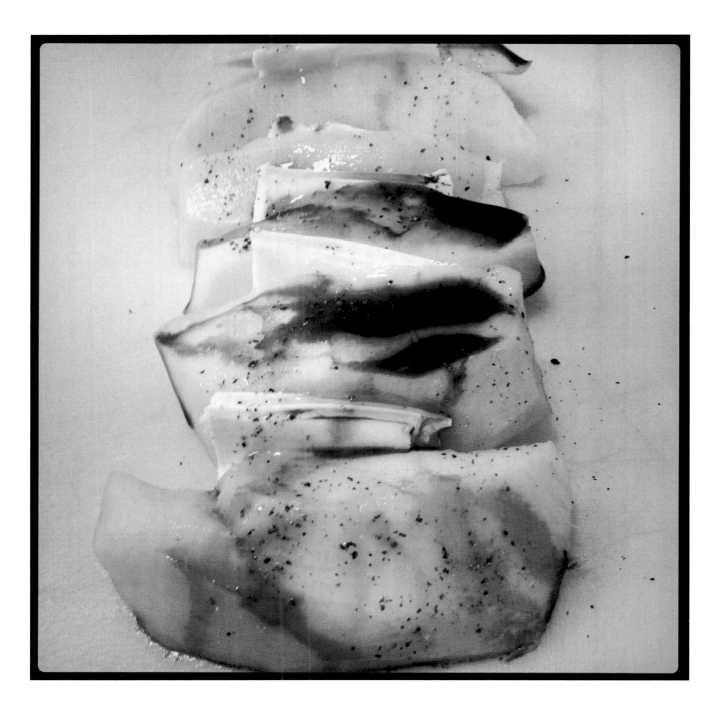

Pan con chocolate

QUÉ

Tableta de chocolate al 70%
Tostadita
Sal Maldon
Aceite de oliva virgen extra

CÓMO

Para el chocolate: romper el chocolate en porciones. Colocar cada una sobre una tostadita. Calentar en el microondas. Se tiene que deshacer un poco, no fundir.

Emplatado: sobre el paquete chocolatero, una pizca de sal Maldon y un chorrito de aceite. Cuidado que quema.

POR QUÉ

La versión mini y compacta de una merienda. Merienda de un bocado, el sueño de los escolares con prisas. O de los astronautas. Del bocadillo de chocolate al crujiente chocolateado.

Dídac López la preparaba así en La Estrella de Plata, aquella barra que a finales del siglo XX magnetizaba a los gourmets en el barrio barcelonés de La Ribera. Las versiones posteriores, en restaurantes de postín, han jugado con el helado de chocolate, gloria de la cocina fría. Este es el original caliente.

#rapidillo #chocolate #microondas

Sandía a la plancha

QUÉ

Rodajas de sandía
Hojas de menta
Lima

CÓMO

Para la sandía: despepitar y cortar en dados. Pasar por una sartén antiadherente sin aceite. Tostar cada dado por la cara superior e inferior, dejando sin marcar los otros lados. Enfriar en la nevera.

Para la menta: cortar en pedacitos con el cuchillo.

Emplatado: en un bol, colocar los dados, rallar la piel de la lima y espolvorear con la menta.

Dados marcados, concentrando los azúcares, Maillard frutero. Los pioneros en pasar la fruta por la plancha, al menos, en la restauración moderna, fueron los de El Bulli en 1998, con dos recetas, la 488 y la 489: sandía a la plancha con tomate, pistachos y reducción de vinagre de cabernet sauvignon y el melón a la plancha con ficoide glacial y pomelo rosa. Adrià al teléfono: «Fuimos los primeros en conceptualizarlo.» Quiere decir que tal vez no fueron los precursores en el *planchazo* pero sí los que le dieron sentido y motivo.

Parece una extravagancia, pero ¿acaso no es carne? Cambio de textura y modificación del sabor. Si tuvieras una brasa, el humo te haría ganar la partida.

En los restaurantes, la fruta se ha extinguido por culpa de la era glacial a la que empujan los postres helados. Nadie quiere fruta porque es aburrida y convencional, algo-que-uno-tiene-en-casa. Unas sencillas hojas de menta y la piel de la lima alteran la sonrisa roja de la sandía hacia el verde. Chispazos mentolados y cítricos para reforzar el frescor acuoso. El verano en llamas.

#rapidillo #fruta #aromáticas #cítrico #rallador

Pasar la fruta por la plancha
parece una extravagancia,
pero ¿acaso no es carne?
Cambio de textura y modificación del sabor.

Piña melosa

QUÉ

Rodajas de piña
Miel de caña
Tomillo limonero

CÓMO

Para la piña: cortar en triángulos, sacar las partes duras, la superior y la corteza.

Emplatado: salsear con la miel de caña y espolvorear con hojas de tomillo limonero.

POR QUÉ

Fruta, fruta, pero fruta de otra manera, cachonda y vibrante, complementando el sabor con aliños. Es la piña que Albert Adrià preparaba en la tapería Inopia con un sustituto: el tomillo limonero por la lima. Esas hojitas son increíbles, cómo recuerdan a los cítricos, un micro limonero en un tiesto.

Por supuesto, la piel rallada de la lima le va de maravilla. El tomillo limonero es una alternativa, un cosquilleo en la piel amarilla. Y la miel de caña, un contraste amargo entre tanta dulzura. Solo es posible ser feliz de manera moderada, con contraste.

#rapidillo #fruta #aromáticas #miel

'Panellets' asiáticos

QUÉ

1 kilo de almendra picada
750 g de azúcar
350 g de patata
1 huevo
[para 30 *panellets*]
Curry
Sal gris
Sésamo negro
Alga nori
Wasabi en pasta
Jengibre en polvo

CÓMO

Para la patata: pelar, cortar y hervir.

Para la masa: mezclar la almendra, el azúcar, la patata, el huevo. Reposar 24 horas en la nevera en un recipiente tapado.

Para los *panellets* indios: mezclar la masa con curry. Hacer bolitas. Espolvorear con sal gris y sésamo negro.

Para los *panellets* japoneses: mezclar la masa con el jengibre y el *wasabi*. Dar forma a zepelines, pequeños obuses, en fin, *nigiris*. Recubrir con rectángulos de nori humedecidos por una cara para que se enganchen.

Para la cocción: con el horno a 100 grados, 10 minutos. Alerta con chamuscar la capita de Súper Nigiri.

POR QUÉ

El *panellet* es una chuchería de estricta temporada. Tiempo de muertos y de Todos los Santos. Es la venganza de los antepasados: intentan matarnos con ese engendro de patata y azúcar. Cada año, el cementerio se cobra algunos glotones.

Juguetones y desacralizadores, nos desviamos al mundo salado y especiado, viajero, con los *panellets* que asiatiquean. Sobre la base clásica moldeamos bolitas con sugerencias indias y nigiris dulcificados. El picante para salvaguardarnos del coma diabético.

Esa receta y la siguiente son las únicas con medidas exactas. Es la servidumbre de la pastelería, que requiere de pesos y proporciones. No así en las cantidades de curry, de wasabi o de jengibre. A tu gusto. Dale más o menos marcha según apetencia.

#asiatiquea #horno #especias #frutoseco #patata

El *panellet* es una chuchería de estricta temporada.
Juguetones y desacralizadores,
nos desviamos al mundo salado y especiado,
viajero, con los *panellets* que asiatiquean.

Chocolate picante

QUÉ

2 cucharadas de chocolate a la taza (o de Cola Cao)
1 huevo
2 cucharadas de harina
3 cucharadas de azúcar moreno
2 cucharadas de leche
2 cucharadas de aceite de oliva virgen extra
1 pellizco de sal
Guindilla
[para dos raciones]

CÓMO

Para la pasta: en un recipiente alto, mezclar todos los ingredientes, batir bien para que no queden grumos. Romper la guindilla en trocitos y añadir a gusto, según se quiera llama de dragón o llama de cerilla.

Para la cocción: verter la pasta en dos tazas de café con leche, meter en el microondas. Dos minutos a máxima potencia. Tómalo caliente, tibio o frío, como gustes.

Hemos transformado un pastel infantil de chocolate en un pasatiempo adulto. Si eliminas la guindilla será para todos los públicos, pero ¿no nos apetece ese viaje a México en solitario, sin la familia?

De esta receta también hay que apreciar la velocidad, la resolución instantánea del capricho. Lo quiero ahora. Tengo mono. El chocolate es ya la única droga que nos permitimos.

#rapidillo #chocolate #microondas #lácteo

Hemos transformado un pastel infantil de chocolate
en un pasatiempo adulto.

Epílogo o 'petit four'

Si has llegado hasta aquí es que te has cortado, quemado, salpicado, pellizcado y todas esas heridas menores relacionadas con la gastronomía. Espero que conserves los dedos.

Desearía que, tras la intensa práctica con este recetario doméstico, fueses un pequeño héroe, o heroína, para los tuyos y que hayas mejorado el estatus, pasando de ser uno de esos inútiles cuyo mayor esfuerzo es abrir tetrabricks —una operación frustrante, que siempre acaba en derramamiento— a habilidoso e ingenioso individuo, salvador de mayonesas cortadas y restaurador de platillos carcomidos. Que tus hijos, pareja, familia y amigos te vean bajo una nueva identidad, la del manitas gastronómico. Te doy la misma libertad que yo me he tomado: aprópiate de estas recetas, hazlas tuyas.

Este, aunque no lo parezca, es un libro de autoayuda. Principalmente me ha ayudado a mí, a esforzarme, a pensar, a imaginar, a experimentar, a retarme, a fracasar, a triunfar y a dar sentido y unidad a una serie de experiencias particulares, que han pasado de lo íntimo a lo público.

Me ha gustado servir a mi mujer y a mis hijos, pensar para ellos cada una de las fórmulas e implicarlos en el proceso. 12 meses y 100 platos. Soy yo el que está en gratitud contigo. Que no, que no, que la pasta no se devuelve. Que sepas, y no es una amenaza, que sigo trabajando y que en mi ordenador almaceno novedades. Escucho otra vez a Nil y a Carla: «Pero ¿podemos comer o no?»

Índice de 'hashtag'

Índice

] Para comenzar [

[Nigirilandia]

] Para seguir [

] Para acabar [

Notas

Notas

Notas

Notas

Notas